내 인생의 모든 것
영화에서 배웠다

영화 48편이 내 인생에 답하다

내 인생의 모든 것 영화에서 배웠다

수이앙·수이머우 지음 | 정주은 옮김

센시오

48편의 영화 속,
우리 삶을 반짝이게 만들 메시지

삶이 무겁고 지루할 때, 혹은 온갖 스트레스로 마음이 너덜너덜 해질 때, 길게 한번 한숨을 내쉬고서 문득 영화의 한 장면을 떠올려본 적 있는가?

영화 〈인생은 아름다워〉Life Is Beautiful, 1997의 로베르토 베니니 Roberto Benigni 가 아들을 향해 '가장 슬프고도 아름다운 작별 인사'를 하는 장면.

〈라라랜드〉La La Land, 2016의 남녀 주인공이 '함께 가지 못한 길'을 떠올리는 마지막 장면.

혹은 〈위플래쉬〉Whiplash, 2014의 주인공이 신들린 듯 드럼을 치며 지휘자와 눈빛을 교환하는 장면.

어떤 영화의 장면 하나, 대사 하나는 우리 마음속에 사진처럼 찍혀서 일상의 필요한 순간마다 생생히 재생되곤 한다. 그 순간은 '잘하고 있으니 힘내라'는 위로가 되기도 하고, '이제 그만 다시 일어서라'라며 재촉하는 손길이 되기도 한다.

사람들이 소중한 휴식 시간을 기꺼이 영화에 투자하는 이유는 아마도 영화의 그런 힘 때문일 것이다. 불이 꺼진 두 시간 남짓의 시간 동안 펼쳐지는 나만의 세상. 그 속에서 잊고 지냈던 환상의 힘을 확인하고 현실로 돌아올 담담한 믿음을 하나 더하기 위해 사람들은 변함없이, 그리고 부지런히 영화를 찾는 것이 아닐까.

영화 속 울고 웃는 사랑 이야기를 보며, 나는 과연 돌아서서 후회하지 않을 사랑을 하고 있는지 생각하게 된다. 예기치 못한 좌절의 순간에 당당히 맞서는 주인공을 보며, 내가 짊어진 짐의 무게를 다시 가늠해보고 느려졌던 발걸음에 속도를 내기도 한다.

그렇게 우리는 영화라는 함축된 세상에 나를 비춰본다. 극적인 상황에 놓인 주인공들을 향한 응원은, 결코 만만치 않은 이 세상의 주인공인 '나'를 향한 응원이다. 영화 속 인물들에게 공감하고

몰입하는 동시에, 내 마음속의 해묵은 감정을 털어내고 새로운
시선을 충전하게 된다.

그렇게 우리는 영화 한 편에서 인생을 보고, 인생을 배운다.

이 책에서 소개하는 48편의 영화들은, 저마다 우리들 인생의
한 장면과 맞닿아 있다. 기발한 상상력으로 만들어진 환상의 공
간이든, 평범한 우리네 흔한 하루와 신기하리만큼 닮은 세상이든
그 안에는 삶을 반짝이게 만들 메시지들이 작은 보석처럼 흩어져
있다. 그 메시지들을 포착해내어 두고두고 꺼내볼 수 있는 모양
으로 다듬어 이 책에 실었다.

이 책에서 여러분의 삶에 동반자가 되어줄 '인생 영화', '인생
대사'를 만나게 되기를 바란다.

현실을 마주할 용기,
한 편의 영화로 불러내다

2012년, 페이스북 페이지 '영화에서 배운 것들 Lessons from Movies'
을 개설한 후 독자들과 소통하면서 중요한 한 가지 사실을 알게
되었다. 수많은 사람들이 입 모아 말하는 '인생의 난제'가 있으니,
곧 '험난한 인생을 마주할 용기를 잃었다'는 것이다.

현실에서 갖가지 도전에 맞닥뜨리면서 사람들은 초심을 잃곤
한다. 타인의 이런저런 기대에 떠밀리며 혼란스러워하기도 하고,
다양한 인간관계에 휘둘리기도 한다.

겉으로는 의연한 척하는 우리의 마음을 들여다보면 세상에 대
한 원망이나 상처가 하나쯤은 잠들어 있다. 살다 보면 외부의 기
대가 곧 자기 내면의 소리라 오해하게 되고, 그 잘못된 신념에 휩

쏠려 방향을 잃기도 한다.

"현실을 마주하고서 믿음을 잃어버린 사람이 가장 먼저 해야 할 일은 '환상의 힘'을 되찾는 것이다."

애니메이션 감독 미야자키 하야오Hayao Miyazaki의 말에서, 나는 이 '난제'의 실마리를 발견한다. 중요한 것은, 우리 모두는 이미 답을 알고 있다는 사실이다. 우리 안에는 환상의 힘이 잠들어 있으며, 이를 통해 현실을 마주할 용기를 얼마든 불러일으킬 수 있다.

생각해보라. 어린 시절, 우리는 모두 환상의 세계에서 살았다. 종이 한 장, 블록 한 세트만 있으면 아이들은 기상천외한 세상을 만들어낸다. 모르는 아이를 처음 만나도 금세 어우러져 친구가 된다. 혼자 있을 때는 머릿속으로 만들어낸 친구들을 불러내면 그만이다. 상상의 세계에서는 동물이 말을 하고, 성이 움직이며, 마음속 꿈이 이루어진다.

환상의 힘은 이 정도에 그치지 않는다. 이 힘이 중요한 이유는 '모든 것을 가능하게' 만들기 때문이다. 만약 그 힘을 나이가 들어서까지 오래도록 유지할 수 있다면 우리들 삶은 얼마나 풍성하며 제각기 아름다울까. 그러나 안타깝게도 어른이 되어갈수록 환상의 힘을 자극하고 유지해줄 동력이 사라져간다.

나는 현실과 환상을 이어주는 적절한 매개체가 바로 '영화'가 아닐까 한다. 영화라는 세상에서 우리는 현실의 제약에서 벗어나 마음속 동심을 되찾고, 내면의 목소리에 귀를 기울이며, 새로운 관점으로 세상을 바라볼 수 있다.

그러나 현실을 도피하고 환상의 세계에서 위안을 얻는 데만 만족한다면 주어진 삶을 제대로 살아낼 수 없을 것이다. 영화 〈월터의 상상은 현실이 된다〉The Secret Life of Walter Mitty, 2013가 보여주듯, 아무리 아름다운 꿈일지라도 직접 부딪히고 두 손으로 빚어내야만 내 것이 될 수 있기 때문이다.

그래서 이 책에서는 환상과 현실의 세계를 각각 반영하는 애니메이션 24편과 실사 영화 24편을 택해 비교했다. 환상의 세계에서 상처 입은 영혼을 치유하고, 그 과정에서 얻은 용기를 안고서 현실세계로 돌아오기를 바란다. 내 곁의 사람들, 나에게 닥친 일들을 새로운 시선으로 바라보고 현실의 도전을 담담히 마주할 수 있었으면 한다.

성장이란 어쩌면 유년 시절과 맞바꿔야만 얻을 수 있는 것이 아닐지도 모른다. 다시 말해, 꿈꾸는 능력을 버려야만 현실을 마주할 용기를 얻게 되는 것이 아니라는 뜻이다. 현실과 환상 사이에서 균형을 잡고, 현실을 치열하게 살면서도 어린아이의 유연한 마음을 잃지 않았으면 한다. 그렇게 할 수만 있다면 세상이 제아무리 모질고 때로 잔혹하더라도 앞으로 계속해 나아갈 동력을 잃지 않을 것이다.

현실이 바다 저 먼 곳에 있는 등대라면 환상은 마음속 깊은 곳에 내려진 닻이다. 현실과 환상이 뒤엉킨 이 배에 온 것을 환영한다.

자, 그럼 함께 떠나보자!

CONTENTS

CHAPTER 1

자아, 누구보다
먼저 이해해야 할

자신의 본질과 가치를 바로 보는 것이
행복한 삶으로 가는 첫걸음이다.
자신의 자리를 스스로 찾을 수 없다면
진정으로 행복해질 수 없다.

남에게 정의당할 것인가, 스스로 정의할 것인가

〈아이언맨〉×〈모아나〉

세상은 당신의 일부만을 보여준다.
오직 당신만이
당신 자신을 온전히 정의할 수 있다.

Only you can define yourself;
the world only sees a part of who you really are.

'영화에서 배운 것들'이라는 페이스북 페이지를 만든 후, 수많은 독자들이 다양한 질문을 해왔다. 그중에서도 가장 많이 쏟아진 질문은 바로 이것이었다.

"내가 누구인지 어떻게 알 수 있을까요?"

상당히 철학적으로 보이는 이 질문은 실상 우리 현실의 한 장면, 한 장면과 깊숙이 얽혀 있다. 타인의 기대에 부응하여 나 자신을 어떻게 증명해야 할까? 타인이 기대하는 나와 진짜 내 모습 사이의 괴리는 어떻게 메꿔야 할까? 무엇보다 나의 본질과 가치를 어떻게 확인할 수 있을까?

많은 독자들이 그 답을 알지 못해 고민하고 있었다. 어쩌면 당연한 일이리라. '나 자신을 아는 것'은 아마도 인생에서 가장 어렵고도 절실한 문제일 것이다.

나는 인생을 '자아 탐색', '자아 인정', '자아 해방'이라는 세 단계로 구분할 수 있다고 본다. '자아 탐색'이란 자신이 누구인지, 인생에서 어떤 일을 해야 하는지 잘 몰라 이것저것 살피는 단계다. 다음 '자아 인정' 단계에서 우리는 뚜렷한 방향을 찾은 뒤 인생의 목표를 이루기 위해 노력한다. 마지막으로 '자아 해방' 단계에 도달하면, 최선의 노력을 다한 뒤 그 결과를 겸허히 받아들이게 된다.

마블Marvel의 〈아이언맨〉The Iron Man, 2008~2013 시리즈와 디즈니 애니메이션 〈모아나〉Moana, 2016는 이 세 단계를 탁월하게 보여주는 작품이다.

〈아이언맨〉의 주인공 토니 스타크는 자유분방한 천재 발명가다. 그가 이룬 최고의 성과는, 최첨단 과학기술과 군사 설비를 결합한 '아이언맨 슈트'를 발명한 것이다. 이 슈트를 입은 그는 단숨에 '어벤져스'의 주요 전력으로 부상한다.

한편 〈모아나〉의 주인공, 모아나는 모투누이 섬 족장의 딸이다. 어려서부터 드넓은 바다를 항해하고 싶어 했지만 아빠의 반대 탓에 집에만 묶여 있는 신세다. 모투누이 섬이 위기에 처하자, 모아나는 고향 땅을 구하기 위해 전설 속 반인반신 영웅 '마우이'를 찾아 용감하게 바다로 나선다.

───

자신을 이기는 것보다 더 중요한 일은 자신과 잘 지내는 법을 배우는 것이다

What's more important than overcoming yourself is learning
how to get along with yourself

마블의 영화 속 세상에서 로버트 다우니 주니어 Robert Downey Jr. 가 열연을 펼친 토니 스타크는 상당한 비중을 차지하는 캐릭터다. 여러 편의 전작을 거치며 토니 스타크의 캐릭터가 변해가는 모습은 상당히 흥미롭다.

〈아이언맨〉 1편을 보면, 토니는 화려한 삶을 무책임하게 즐기는 인물로 묘사된다. 그러나 테러리스트에게 피랍되면서 토니의 인생은 소용돌이에 말려든다. 악당들을 위해 자신이 발명한 신무기를 다시 만들어야 하는 상황에 처한 것이다. 여기서 의사 인센을 만나 그의 인생은 송두리째 변화한다. 인센은 토니에게 더 많은 시간을 벌어주기 위해 자신을 기꺼이 희생한다. 인센이 눈앞에서 죽어가는 광경을 목격한 토니. 게다가 한껏 자부심을 느끼던 자신의 발명품은 테러리스트들의 손아귀에 들어가 학살의 도구로 전락한 지 오래다. 지독한 현실에 번민하던 토니는 마침내 새로운 눈을 뜨게 된다.

그렇게 '아이언맨'이 된 토니는 지난 과오를 뼈저리게 후회하며 계속해서 아이언맨 슈트의 성능을 향상시킨다. 그러나 '토니'라는 사람과 '아이언맨'이라는 캐릭터가 뗄 수 없는 관계가 되어 갈수록 그는 혼란스러워진다. 아이언맨 슈트가 없는 자신은 아무것도 아닌 존재라는 생각에 〈아이언맨 3〉에서는 수십 개나 되는 아이언맨 슈트를 단숨에 만들어내지만 불안감과 초조함은 여전히 떨쳐낼 수 없다.

영화 속 토니는 여기서 '자아 인정'의 단계를 거친다. 토니는 '아이언맨'이 인생의 사명임을 깨달은 뒤, 끊임없이 자신을 뛰어넘고 이겨냈으며 굉장한 성과를 거두기도 했다. 그러나 〈어벤져스〉 1편에서 외계 종족과 싸운 뒤, 토니는 더 큰 불안감에 시달리게 된다. 외계에는 언제라도 지구를 엉망진창으로 만들 수 있을만큼 강력한 종족이 존재한다. 지구에서는 무적처럼 보이던 자신도, 훨씬 더 진화한 과학기술을 보유한 외계 종족 앞에서는 한없이 무력해지고 만다. 아이언맨은 물론이고 그 어떤 슈퍼 영웅도 그들에 맞서 이 별을 지킬 능력이 없다는 생각에 그는 좌절한다. 그래서 더 다양한 아이언맨 슈트를 만들지만 결국 "우리 스스로 우리의 악을 창조했다(We create our own demons)"고 스스로 고백하게 되는 결과를 맞이한다. 그리하여 아이언맨 슈트, 달리 말해 오만함과 불안감은 그를 옭아매는 고치가 된다.

나 자신이 되고 싶다면 때로는 '다른 사람이 기대하는 나'에서 벗어나야 한다

In order to be yourself, sometimes
you have to stop being who others want you to be

족장의 딸로 태어난 모아나는 훗날 어른이 되면 부족을 이끌어야 한다는 운명을 타고 났다. 그래서 모아나의 아빠는 딸이 어릴 때부터 좋은 족장이 되는 법을 가르친다. 말투나 행동부터 인생 계획에 이르기까지 모든 것을 전수하지만, 모아나는 바다를 동경하는 마음뿐이다. 소녀는 언젠가 이 섬을 떠날 것을 꿈꾼다.

그러나 모아나의 아빠에게 바다는 가슴 아픈 기억이 잠든 곳이다. 지난날 바다에서 친구를 잃는 사고를 겪으면서 바다가 얼마나 잔인한지 뼈저리게 느꼈다. 그 때문에 모아나가 어렸을 때부터 바다로 나가는 것만큼은 절대 금기 사항이었다. 모아나는 부족의 미래를 위해, 또한 아빠를 실망시키지 않기 위해 마음속 갈망을 억누른다. 그리고 다른 사람들이 자신에게 기대하는 그 역할을 최선을 다해 연기한다.

모아나가 겪은 이 '자아 탐색'의 단계는 우리 모두가 거치는 과정이기도 하다. 이 상태에서 우리의 가족과 사회는 우리에게 어떤 사람이 되라고, 또는 어떤 일을 해야 한다고 꾸준히 기대를 주입한다. 대부분은 선한 의도에서 비롯된 기대지만, 때로는 그 기대가 우리를 비틀거리고 주저앉게 만들기도 한다.

그러므로 우리는 한 가지 사실을 반드시 기억해야 한다. 바로 '이것은 나의 인생'이라는 사실이다. 타인이 바라는 삶, 누군가의 기대를 저버리지 않기 위해 그저 애쓰는 삶을 산다면 자기 자신이 될 기회를 잃게 될 것이다.

자신감은 타인보다 뛰어나다는 사실에 뿌리를 두지 않는다. 자신의 가치를 알고 이를 믿는 데서 나온다

Confidence does not come from being superior than others;
it comes from knowing and believing in your own value

인생의 세 단계 중, 우리를 가장 곤혹스럽게 만드는 것은 두 번째 '자아 인정'의 단계다. 사람들은 바로 앞의 '자아 탐색' 단계에서 방향을 찾은 뒤, 온 힘을 다해 목표를 완수하고 그 과정에서 거둔 성과를 통해 무한한 성취감을 느낀다. 그리고 이때, 타인의 인정이 이루 말할 수 없는 황홀감을 준다는 사실을 깨닫는다.

〈모아나〉 속 반인반신 마우이가 그러했다. 마우이는 사람들이 자신을 받들고 찬양하는 데서 무한한 만족감을 느껴왔다. 그래서 그들이 바라는 것이라면 무슨 수를 써서라도 이루어주고자 한다. 인간들을 기쁘게 하기 위해 태초의 여신 테 피티의 '바다의 심장'을 훔치는 행동까지 서슴지 않는다.

토니 스타크도 마찬가지다. 아이언맨은 강력한 힘을 가진 존재였기에 스스로 옳다고 생각하는 정의를 구현하면서 동시에 사람들의 숭배까지 받을 수 있었다. 그럴수록 아이언맨 슈트가 없다면 어떻게 될지 상상조차 할 수 없는 상태가 된다.

이 같은 마음은 어느덧 그들을 속박하는 올가미가 되었다. 마우이와 토니는 '반인반신'과 '아이언맨'이라는 신분이 자신의 모든 것이며, 자신에게 가장 필요한 안정감을 준다고 믿었다. 그 때문에 각자의 신분을 상징하는 '갈고리'와 '아이언맨 슈트'에 점점 더 집착하게 되었다. 그 결과, 원래는 그들의 가치를 상징하는 물건이었던 '갈고리'와 '아이언맨 슈트'는 그들을 옭아매는 족쇄가 되고 만다.

손을 뗀다는 것은 당신이 약하다는 뜻이 아니다. 이제 다시 나아가야 할 때임을 스스로 깨달았다는 의미일 뿐이다

Letting go doesn't mean that you're weak;
it only shows that you know it's time to move on

〈모아나〉에서 '자아 인정'의 덫에 걸려 꼼짝 못하게 된 인물은 마우이뿐만이 아니다. 마우이를 찾아낸 모아나는 마우이가 자기와 함께 테 피티에게 가서 바다의 심장을 돌려줄 것이라고 굳게 믿었다. 실제로 그 길에서 마우이는 모아나에게 많은 가르침을 주었고 한층 성장할 수 있도록 도와주었다.

그러나 두 사람이 바다의 심장을 빼앗으려는 악마 테 카와 마주쳤을 때, 마우이의 갈고리는 크게 망가지고 만다. 이에 갈고리를 잃게 될까 봐 두려웠던 마우이는 모아나를 두고 도망쳐버린다. 처음에 모아나는 이제 의지할 곳이 없다고 생각해 자포자기하려 한다. 그러나 할머니 영혼의 위로 덕분에, 자신에게는 이미 이 위기를 이겨낼 만한 힘이 있음을 깨닫고 혼자서 다시 항해를 시작한다.

〈아이언맨 3〉의 마지막 부분에서 토니도 비슷한 깨달음을 얻는다. 아이언맨 슈트는 자신이 창조해낸 것이며 아이언맨도 하나의 신분일 뿐, 자신을 정의하는 유일한 가치가 될 수 없음을 깨닫는다. 이제 토니는 아이언맨 슈트를 개량하는 데 더 이상 집착하지 않고 진정한 자신을 받아들일 수 있게 된다.

인생의 세 번째 단계인 '자아 해방'은 이러한 마음 상태를 말한다. 앞선 두 단계에서 방향을 찾고 성취감과 기쁨을 얻었다면 이제부터는 자신이 손에 쥐고 있는 것에 구속당하지 않고 스스로 해방되는 법을 배워야 한다.

물론 내가 쥔 것을 계속 소유할 수 있다면 더없이 좋겠지만 설혹 잃게 되더라도 동요하지 말라. 그 때문에 자기 자신마저 잃게 된다면, 그처럼 안타까운 실수도 또 없을 것이다.

영화에서 읽는 '인생 한 컷'

두 영화 속에 담긴 인생의 이치는 중국 고서의 가르침과도 절묘하게 일맥상통한다. 명나라 때 편찬된 《지월록指月錄》 제28권에서는 참선을 통한 깨달음에 대해 말하며 인생의 세 가지 경계를 설명한다.

첫 번째 단계는 '산은 산이요, 물은 물인' 상태다.

사람이 제 잘난 맛에 취해 '아, 내가 경지에 이르렀구나.' 하고 우쭐대는 단계다. 스스로 단련하기 전에는 자신에 대한 인식을 포함해, 세상만사의 표상밖에 보지 못한다. 다시 말해 '자아 탐색'이라는 여정에 올라 도전을 이겨냄으로써 자신의 사명이 무엇인지 인식해야 한다는 것이다.

〈아이언맨〉 1편에서 피랍된 채 무력감에 빠진 토니와 〈모아나〉에서 첫 항해에 실패한 뒤 포기하는 모아나는 바로 이 단계에 갇힌 사람들의 전형적인 심리를 보여준다. 여기서 두 사람은 세상을 향해 끊임없이 외친다. 자신이 바로 아이언맨 슈트 속의 그 사람이며, 모투누이의 모아나라고. 그렇게 세상이 이해할 수 있는 신분 속으로 자신을 끼워 넣는다.

두 번째 단계는 '산은 산이 아니고, 물은 물이 아닌' 상태다.

이 경계에 이른 사람은 이미 어느 정도 경험이 쌓였다. 기대와 소망이 강렬해지고, 경쟁심에 시달리기도 한다. 한편으로는 타인의 호응을 통해 '자아 인정'을 얻기를 애타게 바란다. 〈아이언맨〉 2편과 3편에서 스스로를 점점 옭아매는 토니와, 마우이에게 지나치게 의지하는 모아나, 갈고리에 집착하는 마우이, 심지어 바다의 심장에 과도하게 의존하는 테 피티까지 모두 이 단계에 속한다.

세 번째 단계는 '산은 단지 산이요, 물은 단지 물인' 상태다.

많은 사람들이 고통스럽게 발버둥 친 끝에 간신히 이 단계에 들어선다. 여기서 사람들은 사물의 본질을 깨닫고서 순식간에 시야가 확 트이는 경험을 한다. 수없이 의심하고 도전한 끝에 마침내 '자아 해방'을 이룬다. 토니는 아이언맨 슈트 따위로 자신이 아이언맨임을 정의할 필요가 없음을 깨닫는다. 아이언맨의 창조자는 다른 누구도 아닌 자신이기 때문이다. 3편의 마지막 부분에서 토니는 아이언맨 슈트를 폭파시키고 가슴에 장착했던 아크원자로도 떼어버리고는 이렇게 말한다.

"내 집과 모든 기술, 장난감들을 빼앗아 갈 수는 있어도 내가 아이언맨이라는 사실은 빼앗아갈 수 없다(You can take away my house, all my tricks and toys, the thing you can't take away: I AM Iron Man)."

모아나가 마우이를 잃은 뒤에 부른 노래 가사와 비교해보라.

"무슨 일이 있더라도 나는 갈 길을 알아. 나는 모아나야(That come what may, I know the way I am Moana)!"

아이언맨과 모아나. 이름은 서로 다르지만 두 사람이 하고자 하는 말은 같다. 외적인 것은 당신의 일부만 보여줄 수 있다. 당신을 온전히 정의할 수 있는 사람은 당신 자신뿐이다.

✪ 함께 보면 좋은 영화

〈뮬란〉Mulan_1998
〈졸업〉The Graduate_1967

나를 구할 수 있는
단한 사람

〈추억의 마니〉×〈파이트 클럽〉

우리는 모두 다른 사람이 되고 싶을 때가 있다.
그러나 그 때문에 자기 자신을 잃어서는 안 된다.

We all wish to be someone else at some point,
just be careful not to forget who you really are.

어린아이가 노는 모습을 가만히 지켜보면 엄청난 상상력의 에너지에 놀라게 된다. 아이는 혼자 내버려두어도 금세 자기만의 공간에 생명과 개성을 불어넣는다. 이런저런 장난감들에게 역할을 부여하고 웬만한 영화보다 더 흥미로운 스토리를 창조한다.

시간이 흐르면서 아이의 장난감은 현실 속 친구들에게 자리를 내어준다. 큰 문제 없이 성장한 사람이라면 가족, 친구, 이웃, 동료들과 건강한 상호작용을 맺으며 관계를 확장시켜 나간다. 그러나 더러는 이런 관계에 어려움을 느끼는 이들도 있다. 너무 내성적이거나 타인과 상호작용 하는 것을 유독 힘들어하는 사람들은 현실이 아닌 상상 속 세계에서 위안의 대상을 찾게 된다.

스튜디오 지브리의 작품 〈추억의 마니〉When Marnie Was There, 2014와 데이비드 핀처David Fincher 감독의 대표작 〈파이트 클럽〉Fight Club, 1999은 판이하게 다른 성격의 영화지만, 두 작품 속 주인공들에게는 뚜렷한 공통점이 있다. 바로 심리적 장애가 있으며, 그 때문에 상상 속 인물과 친구가 되어 그들에게서 구원을 얻는다는 점이다.

영국의 동명 소설을 각색한 〈추억의 마니〉는 부모를 모두 잃은 소녀 안나에 대한 이야기다. 내성적인 안나는 친구라 부를 만한 사람이 없다. 양부모는 자애로운 분들이지만 안나의 굳게 닫힌 마음을 열지는 못했다.

어느 날 안나는 천식 치료 차 바닷가에 자리한 작은 마을에 오게 된다. 그곳에서 신비롭고 호화로운 낡은 저택을 발견하는데, 그 저택에는 금발 머리 소녀 '마니'가 살고 있다. 어느새 두 사람은 속내를 터놓는 가까운 친구가 된다. 그러나 여기에는 한 가지 비밀이 있으니, 사실 마니는 실존하는 존재가 아니라는 사실이다. 안나가 기억 저편 할머니의 모습에 상상을 더해 만들어낸 인물이다.

안나와 마찬가지로 〈파이트 클럽〉의 남자 주인공 잭에게도 상상 속 친구가 있다. 불면증에 시달리는 잭은 무기력한 삶에 지친 인물로 묘사된다. 기계적이고 단조로운 일상은 공허하고 성격 또한 지극히 내성적인 탓에, 자신의 인생에 뭔가 변화가 일어나기만을 절실히 바란다. 그러던 어느 날, 출장길에 타일러라는 낯선 남자를 만나게 되면서 그에게 매료된다. 거침없는 성향에 싸움에도 능란한 타일러는, 내적으로나 외적으로나 잭이 동경하는 모습을 그대로 갖추었다.

잭은 타일러와 의기투합해 '파이트 클럽'을 만든다. 이 클럽은 삶이 불만족스러운 사람들이 격투를 통해 스트레스를 해소할 수

있는 공간이다. 그러나 이 모든 스토리에는 놀라운 진실이 숨어
있다. 타일러는 잭이 가지지 못한, 그러나 너무도 가지길 열망하
는 인격적 특질을 투영하여 창조해낸 가공의 존재였다.

당신을 이해하는 사람은 곁에 없고, 곁에 있는 사람은 당신을 이해하지 못한다는 것. 이 사실을 깨닫는 것이 곧 외로움이다

Loneliness is realizing that those who understand are not around,
and those who are around don't understand

〈추억의 마니〉는 첫 장면부터 무리에 섞이지 못하는 안나를 보여
준다. 야외에서 미술 수업을 듣는 학생들이 삼삼오오 모여 재잘
거리는데 안나만 혼자 의자에 앉아 소묘를 하고 있다. 안나는 감
정이 깃들지 않은 목소리로 독백한다.

'이 세상에는 육안으로는 볼 수 없는 마법의 원이 있다. 마법의
원은 안쪽과 바깥쪽으로 나뉘는데 나는 원 밖에 속하는 사람이다.'

안나는 자신이 이 세상과 전혀 어울리지 않는 사람이며 양어머
니처럼 가까운 사람조차 자신을 이해하지 못한다고 생각한다. 그
랬던 안나에게 우연히 만난 마니는 선물과도 같은 존재다. 금발
에 푸른 눈을 한 이 소녀는 열정적이며 또한 아주 다정하다. 마니

와 안나는 이 만남을 둘만의 소중한 비밀로 여긴다.

마니와 함께할 때면 안나는 우울하던 원래 모습과는 완전히 다른 사람이라도 된 듯하다. 그러나 마니가 곁에 없으면 다시 외로움이 스며든다. 이 세상에 마니의 존재를 아는 사람은 자신뿐이기 때문이다. 게다가 마니를 다른 사람과 공유할 생각도 전혀 없다.

진실은 늘 그 자리에 있다.
자기 자신에게 눈이 멀어 보지 못할 뿐이다

The truth is always there; we're just blinded by our own ego

안나의 머릿속에만 존재하는 가상의 인물 마니와 달리, 〈파이트 클럽〉의 타일러는 잭을 대체하는 제2의 인격이다. 따라서 타일러는 잭의 주변 사람들에게 '겉모습은 잭이고 성격은 완전히 정반대'인 사람으로 비친다. 영화 말미에 진실이 드러났을 때, 영화의 이와 같은 설정은 궁금증을 일으킨다. 잭은 인격이 변함에 따라 온화하고 점잖았다가 한순간에 저속하고 잔인해지는데 주변 사람들은 이상하게 여기지 않았을까? 무엇보다 잭 자신이 뭔가 잘못되었다는 느낌을 받지 않았을까? 그러나 진실이란, 제3자의 눈에는 보여도 당사자는 쉽게 깨닫지 못하는 법이다. 잭에게는 타일러와 함께 만든 '파이트 클럽'이 가장 중요했다. 급기야 잭은 타일러가 나타날 때만 살아 있다는 쾌감을 느끼는 지경에 이르고 이성은 점점 마비되어 간다.

당신만 외로운 것이 아니다. 타인에게 마음을 기울일 때 당신도 위안을 얻을 수 있다

You're not the only one feeling lonely;
care for others, and you are comforted too

겨우 마음 터놓을 친구를 만난 안나와 잭은 결국 둘 다 그 친구들에게 배신당한다. 마니는 말도 없이 떠나버리고, 타일러는 은밀한 계략을 꾸민다. 금방이라도 깨질 듯 위태롭던 안나와 잭의 영혼이 버텨내기에는 너무도 가혹한 일이다. 두 사람은 모든 희망을 잃고 만다. 그러나 둘이 잊고 있던 사실이 한 가지 있었다. 여태껏 그들은 세상에 무관심으로 일관했다는 사실이다. 진정한 자신을 마음속 깊은 곳에 가둬둔 채, 바깥의 사람들이 아무리 문을 두드려도 도망쳐 숨기만 했을 뿐이다.

그리하여 유일하게 기댈 대상을 잃고 어쩔 수 없이 다시금 자신과 마주해야 했을 때, 두 사람은 비로소 현실에 눈을 뜬다. 내게 관심을 기울이는 많은 사람들이 내가 마음의 문을 열기만 기다리고 있다는 현실 말이다.

외로움에 잠식된 사람들은 이 세상에 자기 같은 외톨이는 없고 자신의 마음을 이해해주는 사람도 없다고 늘 생각한다. 그렇게 스스로를 피해자로 몰아간 결과는 자신이 만든 늪에 빠져 허우적 대는 것뿐이다. 어쩌면 이를 '오기'라는 말로 표현할 수 있을지도 모른다. 괜한 오기는 부릴 필요 없다. 타인의 관심을 기꺼이 받아 들이라. 혹은 곁에 있는 사람에게 먼저 다가가보라. 당신은 이미 위안을 얻었음을 깨닫게 되리라.

———

누구나 다른 사람이 되고 싶을 때가 있다. 그러나 그 때문에 자기 자신을 잃어서는 안 된다

We all wish to be someone else at some point,
just be careful not to forget who you really are

두 영화 속 주인공은 '자신을 싫어한다'는 점에서 서로 닮았다. 안 나는 스스로를 성가신 짐 덩어리라고 생각한다. 고아인 것은 어 쩔 수 없다 하더라도, 천식으로 발작을 일으킬 때마다 양어머니 를 힘들게 하고 돈도 많이 쓰게 만든다. 그럴 때면 친구들은 수고 스레 안나의 책가방을 들어주고 집까지 바래다주어야 한다. 잭은 더 극단적이다. 불면증에 시달리는 밤이면 환자인 척 가장한 채 각종 '환자 모임'에서 활동한다. 마치 자신이 아닌 다른 사람이 되어야만 위안을 얻기라도 하는 듯하다.

스스로에 대한 이런 혐오감은 원래의 자신과는 전혀 다른 성격의 인물을 가공해낸다. 그렇게 태어난 '마니'와 '타일러'는, 안나와 잭이 간절히도 원하는 특성을 모두 갖추었다. 그러니 함께할수록 이들에게 점차 빠져드는 반면, 자기 자신에 대한 혐오는 점점 더 짙어진다.

우리는 살면서 때때로 누군가를 동경한다. 뛰어난 그 사람을 꼭 닮고 싶은 마음이 절로 솟는다. 하지만 '동경'은 스스로 더 힘차게 나아가도록 만드는 힘이 되어야 한다. 그것이 자신을 싫어하는 이유가 된다면 그때부터는 동경이 아닌 질시로 전락하고 만다. 타인은 타인일 뿐이다. 그 사람이 무엇을 가졌든, 내가 가진 것을 평가하는 기준이 되어서는 안 된다. 나를 제대로 알고 나를 좋아할 수 있다면, 영문 모를 공허함과 외로움에 시달리는 일은 없을 것이다.

✿ 함께 보면 좋은 영화

〈미스터 홈즈〉Mr. Holmes_2015
〈공각기동대〉Ghost in the Shell_1995

내가 원하는 것을 이해하기,
그 행복한 여정

〈인사이드 아웃〉×〈내 머릿속의 포이즌베리〉

진정한 나 자신이 되고자 한다면
먼저 내가 누구인지 알아야 한다.

You need to understand who you really are
before you can be who you really are.

기분이 바닥까지 떨어지는 날이 있다. 이런 날에는 아무것도 하고 싶지 않고 누구와도 말을 섞고 싶지 않다. 내가 좋아하던 것들이 한순간 무채색으로 보이며 '지겹다'는 생각마저 불쑥 솟아오른다. 그런데 참 이상하다. 남들에게 방해받고 싶지 않다고 느끼면서도 정작 혼자 있으면 마음이 스산하다. 낯선 것은 세상과 주변 사람들뿐만이 아니다. 누구보다 나 자신이 낯설고 이질적으로 느껴진다.

그런 날이면 모든 것이 명쾌하고 단순하던 어린 시절이 떠오를지도 모른다. 울고 싶으면 울고, 웃고 싶으면 웃던 그때. 그러나 나이가 들면서 우리는 그럴듯한 어른이 되기 위해, 의도적으로 감정을 희석한다. 단순한 감정에 흔쾌히 몰입하는 대신 스스로의 마음에 짐을 지우기 시작한다. 그렇게 우리는 자신에게조차 점점 낯선 사람이 되어간다.

거의 모든 사람들이 이런 변화를 겪는다. 그리고 많은 경우는 이런 미혹의 시간을 겪은 뒤에야 자신이 누구인지, 진정으로 원하는 것이 무엇인지를 알게 된다.

픽사Pixar의 애니메이션 〈인사이드 아웃〉Inside Out, 2015과 코믹한 로맨스 영화 〈내 머릿속의 포이즌베리〉Poison Berry in My Brain, 2015는 우리 뇌가 느끼는 여러 감정을 의인화하여 설명한다. 두 영화가 그리는 세상에서, 사람들의 머릿속에는 여러 개의 독립된 감정(또는 인격)이 존재한다. 그리고 상황에 따라 각기 다른 감정이 우리의 행위를 주도한다.

〈인사이드 아웃〉의 주인공은 열한 살 소녀 라일리다. 세상 근심과는 거리가 먼 활발하고 귀여운 아이다. 세상에 태어나 부모와 눈을 마주친 순간부터 라일리는 부모에게 행복을 선사하는 존재였다. 라일리의 이런 낙천적인 성격은 즐거운 감정을 주관하는 머릿속 기쁨이Joy에게서 비롯된다. 기쁨이 외에도 슬픔이Sadness, 버럭이Anger, 까칠이Disgust, 소심이Fear라는 다섯 가지 감정이 라일리의 머릿속에서 공존하며 라일리만의 독특한 인격을 형성한다.

한편 〈내 머릿속의 포이즌베리〉에서는 인격이 감정을 대신한다. 젊고 능력 있는 여주인공 이치코의 머릿속에는 다섯 명의 인격이 살고 있다. 밝고 긍정적인 이시바시, 매사 부정적인 이케다, 모든 감정을 기록하고 기억하는 키시, 충동적인 하토코, 의장을 도맡는 이성적인 요시다. 이 다섯 명의 사고 캐릭터가 투표를 통해 이치코의 행동 하나하나를 결정한다.

마음의 평화를 향한 첫걸음은
타인이 당신의 감정을 좌우하지 못하도록 하는 법을
배우는 것이다

The first step towards inner peace is learning
how not to let others control your emotions

〈인사이드 아웃〉에서 라일리는 아빠의 직장 때문에 부모님을 따라 샌프란시스코로 이사를 한다. 처음에 라일리는 새집으로 이사를 한다는 사실에 마냥 들떴다. 가족이 고속도로를 달려 새집으로 향하는 여정도 무척이나 즐거웠다. 그러나 시내로 들어서자 불안감이 고개를 쳐들기 시작한다. 도로는 수많은 차들로 꽉 막혀 있고 지면은 울퉁불퉁 거칠어서 몸이 흔들린다. 새집에 도착해보니 상황은 더 좋지 않다. 마당은커녕 아무런 가구나 장식도 없이 텅 빈 집은 기대보다 훨씬 낡고 초라하다. 라일리의 기분은 순식간에 가라앉는다.

어떻게든 감정을 다스려보려고 노력하지만 이삿짐은 예정보다 늦게 도착하고 아빠는 계속되는 업무 스트레스에 시달린다. 심지어 어렵게 찾은 피자가게에는 브로콜리피자밖에 팔지 않는다. 잇달아 벌어지는 충격적인 상황에 밝고 낙천적이던 라일리는 흔들리기 시작한다. 하필 이때 라일리의 머릿속 슬픔이가 중대한 실수를 저지른다. 원래 즐거웠던 기억에 손을 대서 슬픈 기억으로 바꾸어버린 것이다. 그 바람에 라일리는 한층 더 깊은 슬픔과 우울감에 빠진다.

사람들은 우울하고 기분이 가라앉을 때면 주변 환경이나 사람들을 탓하곤 한다. 직장 동료나 상사, 사랑하는 사람, 심지어 모르는 사람조차 우리의 기분을 어지럽히는 존재로 변신한다. 그러나 자신의 감정이 외부의 영향에 쉽게 휘둘리게 내버려두는 것은 위험하다. 내 온갖 감정의 통제권을 타인에게 넘기는 것과 다를 바 없기 때문이다. 나와 상관없는 사람이 내가 즐거울지 괴로울지를 결정하도록 방관한다면, 더 이상 내가 나의 주인이 될 수 없다.

___

자신에게 진실하기란 너무도 어려운 일이다. 그러려면 내 안에 숨어 있는 진짜 내 모습을 드러내야 하기 때문이다

One of the hardest things to do is staying true to ourselves,
because it requires revealing the person who we really are underneath

서른 살이 된 이치코는 불타는 사랑을 꿈꾸지만 자신감이 부족한 탓에 여전히 싱글이다. 그녀의 애정전선에 서광이 비칠 때마다 이치코의 머릿속에 사는 다섯 인격은 이치코가 가장 적절한 판단을 내리도록 격렬한 토론을 벌인다. 어느 날 이치코의 눈앞에

매력적인 문학청년 사오토메가 나타난다. 예측 불가능한 성격의, 이해하기 힘든 그에게 이치코는 푹 빠지고 만다.

어느 날, 이치코는 사오토메의 집에 가게 되는데 이치코가 먼저 고백하는 문제를 두고 머릿속의 다섯 인격은 목이 터져라 논쟁을 벌인다. 적극적으로 밀어붙이라는 긍정의 인격 이시바시와 충동적인 하토코의 의견에 부정적인 이케다가 기를 쓰고 반대하면서 토론이 점차 격렬해질 때, 이성적인 요시다가 참지 못하고 고함을 지른다.

"그만 좀 싸워! 이치코는 이미 한계에 도달했어. 이치코는 스스로 못할 일은 시도하지 않는다고!"

이어서 온 세상이 요동치더니 몸에 딱 붙는 검은 옷을 입은 여자가 등장한다. 그녀의 등장과 함께 나머지 인격들은 정신을 잃고, 그녀가 시키는 대로 이치코는 사오토메와 하룻밤을 보낸다.

이 신비한 여성은 이치코의 '이드'를 상징한다. 프로이트Sigmund Freud에 따르면 이드란 모든 사람의 마음속에 존재하는 원초적인 잠재의식으로, 인간의 가장 기본적인 욕망을 대변한다. 그러나 평소에는 자아의 의식과 사회 규범이 이드를 억제하기 때문에 웬만해서는 겉으로 드러나지 않는다. 우리가 본능을 억누른다는 것은 다시 말하면, 우리 마음속에 타인에게는 들키고 싶지 않은 모습이 존재한다는 의미다. 사회에서 타인과 어울려 살아가기 위해 진정한 자신을 자주 드러내지 못하는 것이다.

누군가가 성숙한 사람인지 확인하려면
감정을 다루는 능력을 보면 된다. 감정을 숨기는 것도,
드러내는 것도 모두 이 능력에 속한다

The best proof of being mature is the ability to master your emotions,
whether hiding, or showing

〈인사이드 아웃〉의 가장 탁월한 부분은 감정과 성장이라는 두 소재를 절묘하게 엮었다는 점이다. 우리가 어릴 때는 감정이란 것이 무척 단순하다. 슬픔도 기쁨도 이물질이 섞이지 않아 투명하기만 하다. 영화 도입부에서 기억을 상징하는 구슬이 한 가지 색깔로만 이루어졌던 것도 그 때문이다.

그러나 나이가 들수록 사회에서 맡은 역할에 영향을 받게 되고, 주변 사람들과의 관계도 고려하게 된다. 내 감정이 타인에게 영향을 미칠 수 있다는 사실도 알게 된다. 이제 내 감정만 생각할 수는 없다. 설령 내가 괴롭더라도 주변사람들까지 덩달아 괴롭게 만들 수는 없기 때문에 아무렇지 않은 척 억지웃음을 지을 때도 있다. 기억의 구슬도 달라져서 절반은 노랗고 절반은 파란 구슬이 나타난다.

두 영화에서 '감정' 혹은 '인격'이 우리 행동을 다스린다는 설정은 상당히 흥미로우며 언뜻 일리 있어 보인다. 하지만 사람의 행동이 독립적인 개성을 가진 다른 개체에 의해 통제된다는 설정을 액면 그대로 받아들인다면, 오히려 제작진의 진정한 의도를 외면하는 셈이 될 것이다. 내 감정을 다스리는 문제를 가상의 존재 탓으로 돌릴 수는 없는 일이다.

쉽게 통제할 수 없는 '슬픔이'에게 우리의 감정을 맡겨 온종일 우울감에 절어 있다면? 조심성 없는 '하토코'의 지시에 따라 경솔하게 후회할 일을 저지른다면? 그보다는 감정을 일으키는 마음속 존재를 진지하게 마주한 다음, 그들을 다스리는 방법을 깨우치는 편이 훨씬 현명할 것이다.

나의 진실한 심정을 숨김없이 표현해야 할 때가 있는가 하면, 타인을 배려해 감정을 숨겨야 할 때도 있다. 다시 말해, 우리는 감정 자체를 다스릴 수 있다. 슬픔이를 동원하여 자만심에 취하지 않도록 조율하고, 필요한 순간 용기를 얻기 위해 하토코를 불러낼 수 있다. 그 결과 기쁨과 슬픔이 뒤섞인 추억이 남을 수도 있지만, 그 역시 성숙함의 증거이리라.

——

자신의 서로 다른 면을 받아들이라. 그것들이 모여 하나뿐인 당신을 만들었으니

Try to accept the different facets of yourself,
for they have made the unique person that you are.

영화 속 두 주인공의 내면은 모두 심각한 충격을 받고 변화를 일으킨다. 라일리의 인격이 무너지고 이치코의 내면세계가 붕괴된 것은, 본성을 지나치게 억누를 때 그 사람의 인격마저 흔들릴 수 있음을 시사한다.

우리는 삶이 기쁘고 즐거워야 한다고 생각한다. 그러나 버럭 화를 낼 줄도 알아야 스트레스를 발산할 수 있다. 때로는 몸을 움츠리고 두려움에 잠긴 채, 외부의 위험 요소를 가늠할 필요도 있다. 혐오와 불쾌의 감정 또한 겪어보아야만 기쁨과 사랑의 감정이 얼마나 소중한지 알 수 있다. 그리고 슬픔에 휩쓸려보아야 더 강인한 모습으로 일어설 수 있다.

진정한 자신이 되는 법을 알고 싶다면 먼저 자기 안의 다양한 감정과 인격들을 똑바로 보아야 한다. 당신의 마음속에서 오늘도 아옹다옹하는 서로 다른 존재들을 보듬고 인정하자. 그들 하나하나 때문에 세상에 유일무이한 당신이 존재하는 것이다.

⊛ **함께 보면 좋은 영화**

〈레고 무비〉The Lego Movie_2014
〈하우 투 비 싱글〉How to Be Single_2016

내가 어찌해 볼 수 있는
유일한 시간은
바로 '지금'이다

〈나비효과〉×〈시간을 달리는 소녀〉

다시 한 번 기회가 오기를 누구나 바라지만
사실 두 번째 기회는 도처에 있다.
우리에게 필요한 것은 과거를 바꾸는 능력이 아니라,
모든 순간을 단단히 붙드는 능력이다.

Second chances are everywhere.
What we really need isn't the ability to change the past,
but to seize the moment.

아이들이 무한한 상상력과 창의력을 발휘할 수 있는 이유는 온 세상이 그저 신기하기 때문이다. 아이들이 세상과 사람들을 바라보는 시선은 늘 설렘으로 반짝인다. 하지만 아이의 시각에는 그만큼 맹점도 존재한다. 대개 자기중심적인 태도로 세상을 탐색하기 때문에, 상황이 생각대로 흘러가지 않으면 금세 토라지거나 짜증을 낸다.

문제는 다 큰 성인이 된 뒤에도 아이의 시각을 버리지 못하는 경우가 더러 있다는 것이다. 이런 사람은 남들과 어울리기가 좀처럼 쉽지 않으며 '이기적'이라는 평가가 따라붙는다.

아이가 더 큰 세상을 눈에 담으려면, 자신과 세상의 관계가 결코 일방적인 것이 아님을 이해해야 한다. 내가, 혹은 누군가가 한 행동은 반드시 주변에 영향을 미친다. 좋은 행동이든 나쁜 행동이든 마찬가지다.

'행위의 인과관계'를 주제로 한 수많은 영화들 중에서도, 미국 스릴러 영화 〈나비효과〉The Butterfly Effect, 2004와 애니메이션 〈시간을 달리는 소녀〉The Girl Who Leapt Through Time, 2006는 많은 관객들이

'인생 영화'로 손꼽는 작품이다. 이 두 작품은 '시간 여행'이라는 소재를 통해 인생의 중요한 과제에 대해 이야기한다.

〈나비효과〉의 주인공 에반은 어려서부터 특이한 증상에 시달렸다. 기억을 종종 부분적으로 잃는 것이다. 고통스러운 사건들로 가득했던 어린 시절을 거쳐 어른이 된 에반은 여전히 행복하지 못하다. 그러던 어느 날, 자신이 예전에 썼던 일기의 내용을 읽으면 기억을 잃은 그 시공간으로 돌아갈 수 있으며 과거를 바꿀 수도 있다는 사실을 우연히 발견한다. 하지만 이 일에는 예기치 못한 대가가 따라온다. 과거의 어떤 일을 바꾸면 다른 시간의 흐름에도 영향을 미치는 것이다.

〈시간을 달리는 소녀〉의 주인공은 마코토라는 이름의 여고생이다. 마코토에게는 절친한 이성 친구 두 명이 있는데 한명은 소꿉친구 코스케이고, 다른 한 명은 전학 온 지 얼마 안 된 치아키다. 마코토의 가장 큰 소망은 세 사람이 언제까지나 지금처럼 좋은 친구로 지내며 영원히 헤어지지 않는 것이다. 어느 날, 마코토 역시 우연히 시간을 뛰어넘을 수 있는 초능력을 얻게 된다. 빠른 속도로 달리다가 있는 힘껏 뛰어오르기만 하면 과거의 원하는 시간으로 돌아갈 수 있다.

사람들이 변화를 원하는 이유는 두 가지다. 너무 많이 배웠거나, 혹은 너무 많이 상처 받았기 때문이다

There are two reasons why people want to change: either they have learned too much, or they have suffered enough

〈나비효과〉속 에반의 어린 시절은 끔찍한 기억으로 가득하다. 첫 사랑 케일리의 아버지에게 성적으로 괴롭힘을 당하고 자신의 아버지에게는 폭력을 당했다. 친구들과 생각 없이 벌인 짓궂은 장난으로 어떤 모녀가 목숨을 잃는가 하면, 아끼던 개를 케일리의 오빠가 산 채로 불태우기도 한다.

일기를 읽으면 과거로 돌아갈 수 있다는 사실을 알게 된 에반은 이 능력을 이용해 자신의 인생에 어두운 영향을 미친 과거의 일들을 바로잡기로 결심한다. 그러나 자신이 과거의 무언가를 바꿀 때마다 마치 잔잔한 물결이 퍼지듯 현재에도 변화가 일어난다는 사실은 미처 알지 못했다. 이 영화의 제목이자 과학이론인 '나비효과' 이론에 따르면, 어떤 동태적인 시스템 속에서 초기 조건에 아주 미세한 변화라도 생기면 후속 반응에도 영향을 미쳐 예측하기 힘든 결과가 일어날 수 있다. 에반이 선의로 한 행동들은 예상 밖의 섬찟한 결과를 불러일으킨다. 뒤바뀐 결과에도 만족하지 못한 에반은 다시 시간을 거슬러 과거를 바꾸는 행동을 반복하지만 원하는 해피엔딩은 결코 찾아오지 않는다.

누구에게나 에반처럼 바꾸고 싶은 기억이 하나쯤, 어쩌면 여럿 있을 것이다. 떠올리기만 해도 괴로운 과거, 지금의 자신에게 부정적인 영향을 미친 과거를 할 수만 있다면 아예 지워버리고 싶을지도 모른다. 그러나 그 고통스러운 과거를 통해 우리는 상처를 치유하며 회복하는 방법을 알았고, 그만큼 성장한 모습으로 여기까지 걸어왔다. 상처 자체를 없던 일로 한다는 것은 우리가 애써 걸어온 그 이후의 여정을 모두 삭제한다는 의미다.

그 여정에서 우리는 미처 몰랐던 나의 얼굴을 마주했고, 앞으로의 인생에서 반드시 알아야 할 삶의 원리를 깨달았다. 과거를 헤집는 여행이 아닌, 미래를 탐색하는 여행이 필요한 이유다.

———

시간은 그 누구도 기다려주지 않음을 깨닫는 것은 얼마나 가혹한가. 그럼에도 당신을 기다리고자 하는 누군가가 있다는 사실은 얼마나 위안이 되는가

It's cruel to realize that time waits for no one. But it's comforting to know that someone will wait for you

〈시간을 달리는 소녀〉에서 자신에게 타임리프 능력이 있다는 사실을 알게 된 마코토는 방방 뛰며 좋아하지만 이 능력을 소중히 여기지 않고 그저 소소한 소망을 이루는 데 허비한다. '시험을 못 봤다고? 괜찮아, 과거로 돌아가서 다시 보면 되지!', '노래를 한 시간이나 불러도 부족한 것 같다고? 그럼 목이 쉴 때까지 시간을 되돌리지 뭐'. 이렇게 무의미하고 사소한 일을 위해 반복하여 타임리프를 한다.

천진난만한 마코토는 처음에 이 능력이 친구인 치아키에게서 왔다는 사실을 까맣게 몰랐다. 사실 치아키는 미래에서 온 소년으로, 이미 사라진 명화를 직접 보기 위해 마코토가 있는 시대로 여행을 왔다. 호두처럼 생긴 타임리프 기계도 그가 잃어버린 것이다. 때마침 타임리프 기계를 발견한 마코토가 그 능력을 남용하는 바람에 치아키에게 남은 타임리프 횟수는 급격하게 줄어들어버린다.

치아키를 그의 원래 시공간으로 돌려보내는 데 마지막 타임리프 기회를 쓰면서 마코토는 흐느낀다. 제대로 꺼내 보이지도 못한 치아키에 대한 감정, 그리고 이제 영영 헤어져야 한다는 사실에 가슴이 찢어지는 듯하다. 뒤돌아 떠날 준비를 하던 치아키는 순간 고개를 돌리며 마코토를 껴안고는 귓가에 속삭인다.

"미래에서 널 기다리고 있을게."

시간 앞에서 모든 사람은 평등하다. 과거를 마음대로 바꿀 수 있었던 마코토도 결국에는 시간이 내미는 청구서에 호된 대가를 치러야 했다. 그러나 무자비한 시간 덕분에 깨닫게 된 사실이 있다. 바로 무정하게 흘러가는 시간 속에서도 누군가는 자신의 소중한 시간을 들여 나를 기다려준다는 것. 이처럼 위로가 되는 사실이 또 있을까.

감히 사랑하지 못한 사람, 차마 하지 못한 말, 최선을 다하지 못한 과거……. 후회는 참 다양한 형태로 찾아온다

Regrets come in many forms: people you dared not to love, words you couldn't say, and a past you failed to give your best

두 영화의 끝부분에서 에반과 마코토는 거의 똑같은 심경이 된다. 둘 다 과거에 대한 집착을 내려놓게 된 것이다. 과거는 종종 후회를 불러온다. 한번 만들어진 과거는 더 이상 어찌할 방법이 없다는 사실 때문에 더욱 무력한 절망감을 안겨준다. 그러나 내 손으로 어찌해 볼 수 있는 다른 것들이 있다. 바로 '지금 이 순간'이다. 과거에 붙들린 사람은, 살아 있는 현재마저 빛바랜 과거의 시간으로 만들어버린다. 삶은 제자리걸음만 하게 될 것이다.

마코토와 에반은 시선을 현재로 옮긴 뒤에야 희망으로 반짝이는 미래를 맞이할 수 있었다. 뿐만 아니라 그 미래를 위해 과거를 후회 없는 모양으로 남길 수 있었다.

자꾸만 과거로 돌아가 번번이 실망을 맛본 뒤, 두 사람은 과거를 바꾸는 것으로는 자신과 주변 사람들을 행복하게 만들 수 없음을 깨닫는다. 사랑하는 이들의 삶은 오히려 더 어지러워지고, 후회하지 않기 위해 떠난 과거 여행은 더 처절한 후회만을 남긴다.

이 두 편의 영화가 속삭이는 메시지는 동일하다. 우리가 살아가는 하루하루가, 바로 세월 속에서 여행하는 것과 다름 아니라는 것. 눈을 감으면 우리는 추억을 따라 과거로 돌아간다. 그리고 거기서 발걸음을 떼는 순간 미래로 나아갈 수 있다. 사실 우리가 간절히 바라는 두 번째 기회는 도처에 있다. 우리에게 필요한 것은 과거를 바꾸는 능력이 아니라, 모든 순간을 단단히 붙드는 능력이다.

___

아직 바꿀 수 있다면 최선을 다하라. 그러나 바꿀 수 없다면 받아들이라. 그것이 곧 용기다

Do your best on what you can still change,
but be brave enough to accept what you cannot

마음껏 시공간을 넘나들던 마코토는 한참이 흐른 뒤에야 팔꿈치 윗쪽에 나타난 숫자가 남은 타임리프 횟수임을 알아차린다. 이 능력이 무한한 것이 아님을 깨닫고 나서 마코토는 예전처럼 내키는 대로 과거로 돌아가지 않고 신중하게 능력을 사용하기 시작한다. 그리고 한편으로는 만사가 자신의 뜻대로만 되지 않는다는 사실을 받아들이며 '포기하는 법'을 배워간다.

에반도 여러 번 실망한 뒤에 세상일이 완벽하게 풀릴 수 없음을, 또한 행복을 얻으려면 무언가를 희생해야 함을 깨우친다. 여러 형태의 불만족스러운 결말을 겪어본 뒤 에반은 한 가지 공허한 결말을 선택한다. 그 결과, 에반과 첫사랑 케일리는 각자 행복한 삶을 살게 되지만 서로 모르는 사람들처럼 인파 속에 스쳐 지나갈 수밖에 없게 된다.

마지막 순간 마코토와 에반은 우리가 성장하는 과정에서 배워야 할 매우 중요한 과제를 깨닫는다. 바로 '세상은 자신을 중심으로 돌지 않으며 우리의 모든 행위는 주변 사람들에게 영향을 미친다'는 사실이다. 모든 일이 제 뜻대로 되기만을 바란다는 것은, 바꿔 말해 다른 누군가에게 상처를 주거나 피해를 입힐 수도 있다는 의미다. 뿐만 아니라 자기 자신도 스스로의 욕망에 피해자가 될 수 있다.

바꿀 수 없는 것을 받아들이는 것. 그것이 곧 용기다.

영화에서 읽는 '인생 한 컷'

'자아를 찾는 것'은 인류의 본능이다. 이는 수많은 새로운 이야기들의 변치 않는 모티브가 되었으며, 셀 수 없이 많은 영화와 책, 노래, 춤이 이 고귀한 과정을 소재로 삼았다.

그러나 자아를 찾기란 말처럼 쉬운 일이 아니다. 그 과정은 당신을 둘러싼 세상에도 영향을 끼친다. 그 결과 당신의 여정은 방해를 받기도 하고 의심을 사기도 한다. 이 세상의 어떤 존재든, 서로 다른 대상 사이에 벌어지는 일은 근본적으로 복잡하게 연관되어 있다. 때문에 당신이 내린 선택 하나하나는 타인에게 파장을 일으키고, 그것은 다시 타인이 자아를 찾는 과정에 영향을 미쳐 숱한 연쇄반응을 만들어낸다.

그로 인한 결과가 선순환이든 악순환이든 우리는 정확하게 예측할 수 없으며 일부 연대책임을 져야 한다. 그런 까닭에 '자아'는 결코 절대적이지 않은, 상대적인 개념이다. 이런 상황에서 우리가 통제할 수 있는 한 가지는, 모든 결정을 선의로 내리는 것뿐이다. 그 밖의 일은 마음에서 놓아버리고 시간에 맡기는 수밖에 없다.

⊕ 함께 보면 좋은 영화

〈아노말리사〉Anomalisa_2016
〈루비 스팍스〉Ruby Sparks_2012

CHAPTER 2

꿈, 그리고 성공
언젠가는 이룰 수 있는

꿈은 멀고도 먼 여정이다.
끝까지 버티는 사람만이 목적지에 이를 수 있다.
설령 하나의 길이 끊기더라도
이루고자 하는 마음만 있다면
새로운 길을 찾을 수 있다.

꿈은 이렇게
현실이 된다

〈업〉×〈월터의 상상은 현실이 된다〉

뭔가를 시도하지 않는다면
꿈은 결코 꿈 이상이 될 수 없다.

Unless we do something about it,
a dream will never be more than just a dream.

사람의 인생은 크고 작은 여러 개의 꿈으로 이루어진다. 어렵사리 이뤄내는 꿈도 있고, 감히 시도조차 해보지 못하고 끝난 꿈들도 있다. 시간이 흐른 뒤 가장 아쉬움이 남는 것은 줄곧 노력해도 이룰 수 없었던 꿈이 아니라, 노력조차 하지 않은 꿈이라는 사실을 우리는 알게 된다.

　개인적으로 내 마음속 1위 영화인 픽사 애니메이션 〈업〉Up, 2009과 동명 소설을 각색한 영화 〈월터의 상상은 현실이 된다〉The Secret Life of Walter Mitty, 2013는 바로 그런 꿈에 관한 이야기다. 이루려고 노력하지 않고 그저 기다리기만 하면, 그 수많은 꿈들은 결국 메울 수 없는 아쉬움으로 남게 됨을 두 영화는 말한다.

　〈업〉은 노부부 칼과 엘리의 이야기다. 두 사람은 어려서부터 모험을 좋아해 언젠가 꼭 세상 이곳저곳을 여행하기로 약속한다. 그런 두 사람의 가장 큰 꿈은 남아메리카의 파라다이스 폭포로 가서, 폭포가 내려다보이는 절벽 위에 집을 짓는 것이다. 이 꿈을 이루기 위해 부부는 열심히 일해 돈을 모은다. 하지만 인생의 골목마다 예치기 않은 사건들이 기다렸다는 듯이 터지는 통에 두 사람은 꿈을 이룰 날을 미루고 또 미룬다.

〈월터의 상상은 현실이 된다〉의 남자 주인공 월터는 '라이프' 잡지사에서 포토에디터로 일하고 있다. 꿈도 포부도 없어 보이는 그가 툭하면 하는 일은 공상이다. 공상 속에서 그는 스릴 넘치는 갖가지 짜릿한 상황에 처하고, 전혀 다른 사람이 되어 모험을 감행한다. 불이 난 건물로 뛰어들어 아기를 구하거나 극지방을 탐험하는 일 등은, 무료한 일상에 지친 그를 시도 때도 없이 공상의 세계로 떠나게끔 만든다. 그러나 이렇게 다채롭고 멋진 꿈은 그의 머릿속에만 가득할 뿐, 현실 속 월터는 지극히 소심하고 소극적인 사람일 뿐이다.

───

꿈이 당신을 기다려줄 거라 생각하지만, 작별의 인사도 없이 순식간에 떠나가 버리는 것이 바로 인생이다

You think that dreams can wait; but life can slip away
very quickly without you even noticing

〈업〉에서 지극히 사랑하는 부부 칼과 엘리는 꿈마저도 같다. 이 꿈을 위해 두 사람은 유리병을 하나 마련해 '파라다이스 폭포'라고 써 붙이고는 돈을 모으기 시작한다. 이 유리병에 돈이 가득 차면 파라다이스 폭포로 떠날 계획이다. 하지만 유리병에 돈이 찰 즈음이 되면 생각지도 못한 일이 어김없이 터지곤 한다. 어쩔 수 없이 병을 깨서 급한 불을 끄는 상황이 반복된다.

그러는 사이 부부는 점차 늙어간다. 칼은 어느새 하얗게 샌 아내의 머리카락을 보고 착잡한 마음을 가눌 길이 없다. 더는 기다리지 않고 당장 비행기 표를 사서 두 사람의 오랜 꿈을 이루러 가기로 결심한다. 그러나 이때 또 다시 생각지도 못한 일이 일어난다. 엘리가 병으로 쓰러져 얼마 후 세상을 떠나고 만 것이다.

우리는 늘 남은 시간은 많다고, 꿈은 언젠가 여유가 생길 때 이루면 된다고 생각한다. 그러나 앞날을 누가 내다볼 수 있으랴. 내일의 일도 알 수 없는 것이 인생이다. 아쉬움을 남기고 싶지 않거든, 알 수 없는 내일로 꿈을 미루어서는 안 된다. 지금 당장 행동하지 않으면 예고도 없이 한순간에 꿈의 수명이 다할지도 모른다.

___

늘 손에 넣고자 꿈꾸던 인생은,
늘 피하고만 싶던 변화 속에 감춰져 있다

The life you've always dreamed about having is
hiding behind the changes you don't want to make

자신의 상상 속에서 월터는 똑똑하고 용감한 데다가 잘생기고 매력 넘치는 모험가다. 주변에서 위기가 발생할 때마다 언제고 용감하게 나서서 세상을 구하는 영웅이다. 현실에서 짝사랑하는 동료 셰릴도 상상 속에서는 월터의 연인이 된다. 이 찬란하고 행복한 상상은 초라하고 따분한 현실과 극명한 대조를 이룬다.

그러던 어느 날, 월터가 다니는 잡지사가 인터넷 출판사로 구조조정을 계획하면서 대규모 감원을 앞두게 된다. 착잡한 심정의 월터가 전속 사진작가로부터 편지 한 통을 받으면서 사건은 시작된다. 전 세계를 떠돌며 사진을 보내오던 작가는 마지막 호 잡지 표지에 '삶의 정수'를 담았다는 '25번 사진'을 반드시 실어달라고 부탁한다. 하지만 기가 막히게도, 작가가 동봉한 필름에 25번 사진의 자리는 처음부터 비어 있었다. 연락이 닿지 않는 작가를 직접 만나기 위해, 월터는 무작정 그린란드로 떠나기로 결심한다. 늘 머릿속으로만 분주하던 그가, 세상을 향해 직접 행동한 첫 순간이었다.

지난날 머릿속으로 떠올렸던 그 어떤 상상보다도 환상적이고 험난한 여정을 경험하면서, 월터는 삶에 대한 열정을 되찾는다. 결국 감원의 소용돌이에서 살아남지는 못했지만 월터의 삶은 이미 완전히 달라졌다. 행동하는 것이 그 무엇보다 중요함을 깨달았기 때문이다.

인생에서 가장 후회되는 것은 실패가 아니라, 삶에 온전히 충실하지 못했다는 사실이다

The biggest regret in life isn't failure, but failing to live your life to the fullest

이런 기사를 읽은 적이 있다. 오스트레일리아의 어느 간호사에 관한 이야기다. 간호사 브로니 웨어Bronnie Ware 는 말기환자 병동에서 일하면서 환자들의 마지막을 돕는 일을 한다. 삶의 종착역을 향해 가는 수많은 사람들을 지켜보며 그녀는 한 가지 사실을 깨달았다. 바로, 사람들이 가장 아쉬워하는 것은 원하는 삶을 용감하게 살지 못했다는 점이었다.

사람들이 꿈을 이루지 못하는 이유는 다양하다. 건강이 허락하지 않거나, 돈이나 시간이 부족한 경우도 흔하다. 그러나 이유가 어떠했든, 행동으로 미처 옮기지 못한 이 '꿈'들은 곧 세상을 떠날 그들에게 가장 큰 아쉬움으로 남았다.

〈업〉의 남편, 칼도 마찬가지였다. 칼은 결국 아내와의 약속을 지켜, 두 사람의 집을 파라다이스 폭포 곁으로 옮긴다. 하지만 이 모든 것을 함께할 아내는 이미 세상을 떠나고 없었다. 부부가 한평생 동경했던 폭포 곁에 아내의 영혼이 머물 것이라 생각하는 것만이 그가 스스로 할 수 있는 위로였다.

꿈과 현실의 차이를 우리는 행동이라 말한다

The distance between your dream and the reality is called action

앞서 말한 오스트레일리아의 간호사 브로니 웨어는 자신의 저서 《죽을 때 가장 후회하는 다섯 가지The Top Five Regrets of the Dying》에서 시한부 환자들이 죽기 전에 가장 후회하는 다섯 가지를 이렇게 정리했다.

> 1. 내가 원하는 삶을 살지 못한 것
> 2. 너무 많은 시간과 열정을 일에 쏟은 것
> 3. 감정 표현에 솔직하지 못했던 것
> 4. 소중한 친구들과 연락하고 지내지 못한 것
> 5. 내 행복을 위해 노력하지 못한 것

사실 '별로 어려운 일도 아닌 것 같은데?' 싶을 수도 있다. 하지만 위의 책에서 말하기를, 대부분의 환자들은 죽음이 눈앞에 닥쳐서야 이 간단해 보이는 일들을 평생 해내지 못했다는 사실을 절감한다고 한다.

월터와 칼 역시 마찬가지였다. 두 사람의 꿈은 모험이었지만 늘 생활과 타협했다. 시간이 흐를수록 꿈은 점점 더 뒤로 밀려났고

'나중에 다시 생각하자', '다음에 하자.' 하는 생각은 습관이 되었다. 그러다 어느 날, 떠밀리듯 상황에 부닥치고 나서야 비로소 행동하기로 결심한다.

꿈은 누구에게나 있다. 하지만 그 꿈을 행동으로 옮길 용기는 누구에게나 있지 않다. 이유가 무엇이든 뭔가를 시도하지 않는다면, 꿈은 결코 꿈 이상이 될 수 없다. 그 꿈은 영원히 꿈에 불과할 것이다. 오직 행동만이 꿈과 현실의 거리를 좁혀준다.

칼의 집은 스스로 날아오를 수 없고, 월터의 상상도 스스로 현실이 될 수 없다. 칼과 월터가 행동에 옮기겠다고 결심한 뒤에야 모든 것이 가능해졌다. 당신의 꿈도 마찬가지다. 그 꿈이 무엇이든 행동으로 옮길 때 현실이 될 수 있다.

영화에서 읽는 '인생 한 컷'

만약 칼과 엘리 부부가 젊었을 때 꿈에 도전했다면 어땠을까? 어쩌면 모험을 하다가 의견이 맞지 않아 중간에 되돌아왔을지도 모른다. 만약 절벽 위에 두 사람이 힘들여 집을 지었다면? 얼마 후 그리 좋은 아이디어가 아니었음을 깨닫지 않았을까?

어떤 결말이든 두 사람은 상당한 빚을 진 탓에 고향으로 돌아온 뒤에도 오랜 시간 일해서 갚아야 했을 것이다. 이런 결말은 지극히 현실적이어서 그리 낭만적이라 말할 수 없다.

하지만 만약 시도조차 하지 않았다면 혼자 남겨진 칼은 어떻게 되었을까. 여생 동안 가보지 못한 길을 추측만 하며 살아가는 수밖에 없다. '만약 우리가 꿈에 도전했다면 어땠을까?', '그랬다면 아내는 어떤 기분이었을까?', '또 나는 지금쯤 어떤 모습일까?'.

그러니 그가 꿈꾸던 일을 행동으로 옮겼다는 사실 자체만으로 충분히 의미 있는, 행복한 사건이리라. '만약에'라는 회한을 되새김질하는 삶이 아닌, 온전히 충실한 삶을 살아냈기 때문이다.

✪ 함께 보면 좋은 영화

〈아메리칸 셰프〉Chef_2014
〈귀를 기울이면〉Whisper Of The Heart_1995

남들이 몰라줘도
괜찮은 이유

〈라라랜드〉×〈주먹왕 랄프〉

어떤 꿈은 아무리 노력해도 이룰 수 없다.
하지만 꿈을 이루기 위해 최선을 다하는 과정은
당신을 더 나은 사람으로 만들어준다.

Some dreams may never come true, but you will always
become a better person if you give your best when chasing them.

많은 사람들이 마음속에 꿈을 간직하며 살아간다. 우리 부부의 예를 들자면, 한 사람은 어려서부터 게임개발자가 되어 세계적인 게임을 만드는 것이 꿈이었고 또 다른 한 명은 아름다운 서체로 이름을 날리는 서예가가 되고 싶었다. 눈치 챘겠지만 우리 두 사람은 아직까지도 이 꿈들을 이루지 못했다. 그러나 우리 둘 다 인생에서 실패했다거나, 지금 하는 일이 무의미하다고 생각하지 않는다. 우리의 가치는 아직 실현되지 않은 이 두 개의 꿈만으로 판정할 수 없기 때문이다. 우리는 각자의 분야에서 괜찮은 성과를 거뒀고, 또한 '영화에서 배운 것들'이라는 페이스북 페이지를 운영하며 많은 독자들과 소통하고 있다. 무엇보다 중요한 것은 서로를 꽤 멋진 사람이라 생각한다는 사실이다. 하지만 이는 적잖은 시간이 흐르고 나서야 깨달은 것이다.

어떤 꿈을 이루기 위해 온 힘을 다해 노력했는데도 결국 목표를 이루지 못하는 일이 세상에는 흔히 벌어진다. 시간이 갈수록 꿈에서 점점 더 멀어지는 것은 얼마나 고통스러운 경험인지. 그러나 당신의 인생을 정의하는 것은 끝내 이루지 못한 꿈들이 아니라 내면의 본능이 시키는 일이라는 것, 또한 꿈을 좇는 길에 함

께할 동반자가 있다면 그 자체로 행복한 여정이라는 것을 다음의
두 영화는 이야기한다.

2016년에 뜨거운 사랑을 받았던 영화 〈라라랜드〉La La Land, 2016
는 꿈을 꾸는 사람들의 도시로 불리는 라라랜드를 배경으로 한
다. 이곳에서 운명적으로 만난 두 남녀는 서로의 꿈을 지탱하는
가장 든든한 버팀목이 된다. 두 사람은 꿈과 현실 사이에서 균형
을 찾으려 노력한다.

배우 지망생 미아는 여태껏 단 한 번도 오디션을 통과하지 못
했다. 카페 종업원으로 일하며 쥐꼬리만 한 급여로 버티면서도
꿈을 이루기 위해 꾸준히 오디션을 보러 다닌다. 남자 주인공 세
바스찬은 실력 있는 피아니스트지만 타협을 모르는 성격으로 사
람들과 종종 마찰을 일으킨다. 시대의 흐름을 무시하고 정통 재
즈만 고집하는 탓에, 그 역시 꿈으로 가는 길은 요원하기만 하다.

한편 〈주먹왕 랄프〉Wreck-It Ralph, 2012의 주인공 랄프는 '다고쳐
펠릭스주니어'라는 8비트 게임 속 악당으로, 특기는 건물 부수기
다. 하지만 마음속으로는 게임의 주인공 펠릭스처럼 모두의 사랑
을 받는 캐릭터가 되고 싶어 한다. 그래서 랄프는 자신의 힘으로
다른 게임 속으로 들어가 영웅의 영예를 상징하는 메달을 찾기로
결심한다.

어떤 사람은 곁에 머무르기 위해서가 아니라 앞으로 나아가도록 돕기 위해 당신의 삶 속에 찾아든다

Some people come into your life not to stay, but to help you get going

〈라라랜드〉의 미아와 세바스찬은 각기 연기와 재즈에 대한 꿈을 품고 있지만 비정한 라라랜드는 서서히 그들의 열정을 마모시킨다. 오디션마다 탈락하는 미아는 별 볼 일 없는 작은 역할 몇 개만 맡아봤을 뿐이고 세바스찬은 따분하기 그지없는 파티에서 밴드 멤버로 연주를 하는 신세다. 이런 상황에서 두 사람은 처음 만난다. 사랑의 마력은 두 사람을 강하게 끌어당겼고 자신의 꿈보다 상대방의 꿈을 더 중시하게 만들었다.

또한 서로가 있기 때문에 미아와 세바스찬은 다시금 각자의 꿈을 향한 믿음을 되찾을 수 있었다. 미아는 타고난 재능을 발휘해 직접 쓴 극본으로 무대를 연출하고 연기까지 하는 1인 연극을 준비한다. 세바스찬은 고등학교 동창의 부탁을 받아들여 '퓨전 음악'을 하는 밴드에 들어간다. 그리고 예전에는 못마땅해하던 이 음악이 생각처럼 형편없지 않다는 것을 실감한다.

인생길은 고되다. 그 길을 걷는 동안 수많은 좌절과 타격이 우리의 믿음을 좀먹는다. 우리는 살아남기 위해 타협을 시작하고 어느덧 시류에 몸을 맡기는 데 익숙해진다. 그 결과 인생길에서 방향을 잃고 헤매는 일도 부지기수다. 이때 우리를 이끌어주는 것은 끝까지 마음에서 놓지 않은 꿈, 그리고 사랑하는 사람이다.

변하기 위해 변하지 말라.
누군가가 당신을 진심으로 사랑하는 이유는
그저 당신이기 때문이리라

Never change for the sake of change;
those who are true will always love you for who you are

랄프가 게임 속에서 맡은 역할은 주인공 펠릭스가 건물을 고치려 할 때마다 방해하며 건물을 부수는 일이다. 맡은 역할을 충실히 해내지만 어쩔 수 없는 악당인 탓에 늘 다른 캐릭터들의 냉대를 받는다. 모두에게 환영받는 '좋은 사람'이 되고 싶었던 랄프는 '영웅'을 상징하는 메달을 간절히 원한다. 그리고 결국 다른 게임 속에서 메달을 찾기로 결심한다.

레이싱 게임 속으로 들어간 랄프는 그곳에서 바넬로피라는 소녀 캐릭터를 만난다. 버그 취급을 당하며 주변사람들에게 따돌림 당하는 바넬로피의 모습은 랄프와도 꼭 닮았다. 비슷한 처지의 두 사람은 만나자마자 가까워지고, 상대방이 꿈을 이룰 수 있도록 돕기 시작한다. 바넬로피의 눈에 비친 랄프는 온종일 건물을 부수는 악당이 아니라 친절하고 상냥한 큰오빠 같은 존재다. 랄프도 바넬로피를 남들과 다른 눈으로 바라본다. 바넬로피가 가끔 '시스템 오류'를 일으키는 것은 하나의 특성일 뿐이라고, 원래 모습 그대로 경기에 참가하라고 용기를 북돋아준다.

바넬로피와 함께하면서 랄프가 스스로를 바라보는 시각에도 변화가 생긴다. 펠릭스처럼 보편적인 영웅이 될 필요가 없음을 깨달은 것이다. 타고난 재주로 맡은 일에 최선을 다하여 누구도 대신할 수 없는 존재가 된다면, 설령 '나쁜 역할'일지라도 그것은 결코 '나쁜' 게 아니다. 또한 메달이 없더라도 소중한 사람에게는 충분히 영웅이 될 수 있다.

누군가가 당신의 가치를 몰라준다 해도 당신의 가치가 줄어드는 것은 아니다

Just because someone failed to see your worth,
doesn't mean you are worth any less

꿈을 좇는 과정에서 〈라라랜드〉와 〈주먹왕 랄프〉의 주인공들은 우리가 흔히 겪는 문제에 맞닥뜨린다. 바로 다른 사람들이 재능을 몰라주는 것이다. 미아가 도전한 수많은 오디션 중에서 그녀의 열정과 재능을 진심으로 봐준 곳은 없었다. 세바스찬은 재즈를 자신의 운명이라 생각하지만 레스토랑 사장님은 그저 손님들 흥을 돋우어줄 가벼운 곡을 원할 뿐이다. 랄프도 다르지 않다. 괴력을 지녔지만 건물 부수는 것밖에 할 줄 모르는 랄프는 남들 눈에 그저 험악한 사고뭉치일 뿐이다.

그러나 시간이 흐르면서 이들의 재능은 빛을 발한다. 랄프는 커다란 주먹으로 바넬로피를 지켜내고 오락실을 구한다. 낙담하던 미아는 세바스찬 덕분에 마지막으로 참가한 오디션에 합격하여 그토록 원하던 배우의 꿈을 마음껏 펼치게 된다. 세바스찬 역시 밴드를 통해 얻은 명성을 바탕으로 오랜 소원이었던 재즈바를 차린다.

당신이 누군가를 위해 해준 어떤 일 때문에 당신을 좋아하는 사람들이 있다. 반대로 당신이 해주지 못한 어떤 일 때문에 당신을 싫어하는 사람들도 있다. 그러나 진심으로 당신을 사랑하는 사람은 그저 당신이기 때문에 사랑한다.

영화 속 주인공들도 결국 이 사실을 깨닫는다. 랄프는 바넬로피를 위해 불길로 뛰어들며 이렇게 말한다.

"난 나빠. 하지만 괜찮아. 나는 절대 착해질 수 없어. 그렇다고 나쁜 게 아니야. 나는 나, 다른 것은 바라지 않아(I'm bad, and that's good. I will never be good, and that's not bad. There's no one I'd rather be than me)."

본능의 목소리에 귀 기울이는 이들, 자신의 재능을 '자기 자신'
이 되기 위해 온전히 발휘하는 이들은 언젠가 자기만의 무대에서
빛을 발할 수 있게 된다. 또한 나만의 가치를 진정으로 알아봐주
는 사람을 반드시 찾게 될 것이다.

사람들은 사랑하는 일을 하는 것이 행복이라고 생각한다. 하지만 정말 행복한 사람은 자신이 지금 하는 일을 사랑한다

People believe happiness is doing what they love.
But those who are happy are also loving what they do

자신의 가치를 깨닫기 전 랄프와 미아, 세바스찬은 사람들의 인
정을 얻지 못한다는 사실에 괴로워한다. 타인의 시선을 통해 스
스로 좋은 사람이라는 걸, 능력 있는 존재라는 걸 검증받고자 한
다. 하지만 그럴수록, 처한 환경은 그들을 더욱 옥죄어 온다. 그 결
과 랄프는 특출한 재능이 있던 가치 있는 일을 무시하게 되었고,
세바스찬은 현실과 타협했으며, 미아는 좌절하여 꿈을 완전히 내
려놓는다.

　　원래 인생이란 뜻대로 풀리지 않는 일들의 연속이다. 아무리 아
름답고 원대했던 꿈이라도 이런저런 현실의 벽에 부딪치면 빛이

바래고 만다. 때로 우리는 이룰 수 없는 꿈에 집착하여 나의 원래 모습을 잃기도 한다. 혹은 멀고먼 길을 돌아 꿈을 좇는 과정에서 남루해진 모습으로 좌절하기도 한다.

　사람들은 '사랑하는 일'을 하는 것이 곧 행복이라 믿는다. 다시 말해 그 일을 하게 되기 전까지는 결코 행복해질 수 없다는 의미다. 그러나 정말 행복한 사람들은 현재 하고 있는 일, 지금 걸어가는 과정을 사랑한다. 나의 가치를 믿으며, 내가 걷는 길을 소중히 여길 때 우리는 더 나은 사람이 되어 내 꿈을 마주하게 될 것이다.

영화에서 읽는 '인생 한 컷'

어릴 적의 꿈은 온갖 가능성으로 충만한 기상천외한 세상 속에 펼쳐진다. 그러나 어른이 되어가면서 우리는 타고난 재능과 한계를 점차 뚜렷이 인식하고 어느 쪽으로 가야 할지를 가늠하게 된다.

스티븐 호킹Stephen Hawking의 삶을 다룬 영화 〈사랑에 대한 모든 것〉The Theory of Everything, 2014 속, 마지막 강연 장면에서 호킹은 이렇게 말한다.

"사람의 노력에는 한계가 있을 수 없습니다. 우리는 모두 다릅니다. 삶이 아무리 고통스럽더라도 우리가 할 수 있고, 이룰 수 있는 일들은 늘 있습니다. 삶이, 그리고 희망이 존재하는 한 말입니다(There should be no boundaries to human endeavor. We are all different. However bad life may seem, there is always something you can do, and succeed at. While there's life, there is hope)."

성장하면서 우리는 꿈의 형태를 축소하고 다양한 색깔을 단조롭게 바꾸곤 한다. 그러나 기억해야 할 것은 우리가 할 수 있고, 이룰 수 있는 일들의 가능성마저 축소시켜서는 안 된다는 것이다. 당신은 언제고 당신 자신이 되어야 한다.

✦ 함께 보면 좋은 영화

〈조이〉Joy_2015
〈라따뚜이〉Ratatouille_2007

무모한 도전에
필요한 두 가지

〈몬스터 대학교〉 × 〈독수리 에디〉

꿈으로 향하는 길에서 목표는 고수하되
방법은 유연해야 한다.

On the road to your dreams, be persistent with your goal,
but be flexible with your paths.

"사람이 꿈이 없으면, 절인 생선하고 뭐가 달라요?"

주성치周星馳 감독의 영화 〈소림축구〉Shaolin Soccer, 2001에 나오는 유명한 대사다.

모든 꿈은 다 아름답지만 꿈을 이루는 과정은 결코 녹록치 않다. 많은 사람들이 크고 작은 장애물에 부딪히고는 해결책이 없다고 판단해 포기하고 만다. 그렇게 이루지 못한 꿈들이 지금도 세상 어딘가에 하나둘 쌓여간다.

그러나 사실 꿈으로 가는 길은 단 하나만 있는 것이 아니다. 이 방법이 통하지 않는다고 다른 방법도 가망이 없다고 단정 지을 수 없다. 〈소림축구〉의 주인공 씽씽도 '소림 무술에 노래와 춤을 더하는 방법'에 실패한 뒤 다른 여러 방법들을 시도해보았기에 '소림축구'라는 묘안을 찾을 수 있었다.

다음에 소개할 두 영화의 주인공들은 꿈을 찾아 나섰다가 길을 잘못 들어서는 경험을 한다. 하지만 단번에 목적지에 도달하지 못했다 하더라도, 이루고자 하는 마음만 있다면 얼마든 다른 길을 찾을 수 있음을 이들의 삶을 통해 알 수 있다.

픽사의 애니메이션 〈몬스터 대학교〉Monsters University, 2013는 인간 세계와 평행한 세계에 살고 있는 온갖 기기괴괴한 몬스터들의 이야기다. 이 세계의 에너지원은 인간 아이들의 비명 소리다. 최대한 날카로운 비명을 얻기 위해 몬스터 세계의 전력회사들은 흉악하고 무섭게 생긴 '겁주기 몬스터'들을 양성한다. 그리고 여기에 특화된 인재를 배출하는 최고의 전당이 바로 몬스터 대학교다. 각자 포부를 안고 몬스터 대학교에 입학한 설리반과 마이크. 험악한 외모를 타고난 설리반과 달리, 왜소하고 귀여운 외모의 마이크는 자신의 한계를 고민한다.

한편 실화를 바탕으로 한 영화 〈독수리 에디〉Eddie the Eagle, 2016는 에디라는 한 남자의 꿈에 관한 이야기다. 에디는 어려서부터 올림픽 출전을 꿈꾸지만 탁월한 재능도, 든든한 배경도 없는 그에게 기대를 거는 사람은 없다. 처음에는 스키를 선택하는데 '아무리 열심히 해도 국가대표감은 아니다'라는 위원회의 지적에 새로운 방향을 모색한다. 그리고 모국인 영국에서는 한 번도 올림픽에 출전한 적이 없는 스키점프 종목에 도전하기로 결심한다. 처음에는 '스키점프의 수치', '국가적 망신'이라는 비난이 쏟아지지만, 손가락질하던 사람들도 지치지 않는 그의 열정에 어느 순간 감동하게 된다. 그리고 진심으로 에디를 응원하기 시작한다.

대부분의 걸림돌은 절대적인 조건도, 유일한 조건도 아니다. 그 걸림돌에만 집착해서는 결코 다른 길을 발견할 수 없다

Most obstacles are neither absolute nor unique.
If you stick to the obstacles, you will never find another way

〈몬스터 대학교〉의 주인공 마이크는 어릴 때부터 그 이름도 유명한 '몬스터 주식회사'에 입사해 '겁주기 몬스터'로 활약하기를 꿈꾼다. 하지만 유달리 귀여운 얼굴에 아담한 체구가 걸림돌이다. 무섭지 않은 외모로 인간들을 겁준다는 것은, 키가 160센티미터밖에 되지 않으면서 NBA 무대에 서려는 것과도 마찬가지다. 주변 몬스터들은 마이크의 꿈을 비웃고 깎아내린다.

그러나 타고난 단점은 마이크의 믿음을 흔들지 못했다. 오히려 마이크는 다른 몬스터들보다 부족한 부분을 보완하기 위해 더 열심히 노력한다. 무섭게 생기지 않았기에 분위기를 조성하는 데 힘을 쏟았고, 덩치가 크지 않았기에 발소리가 들리지 않게끔 살금살금 걸었다. 특히 머리를 써야 하는 이론은 마이크가 가장 자신 있는 과목이었다. 마이크는 온갖 이론 시험에서 늘 높은 점수를 받았고, 겁주기에 적합한 외모를 가진 다른 몬스터들을 뛰어넘기까지 한다.

마이크는 그저 열정만 가지고서 무작정 꿈을 좇지 않았다. 먼저 자신의 꿈을 이루기 위한 조건이 무엇인지 파악하고자 했다. 다시 말해, 꿈을 '이해하고자' 했던 것이다. 물론 뛰어난 겁주기 몬스터가 되는 데는 외모가 중요한 조건이다. 그러나 외모는 절대적인 조건도, 유일한 조건도 아니다. 그저 여러 요소 중 하나일 뿐이다. 이 사실을 이해한 마이크는 자신이 집중하고 노력할 수 있는 다른 부분이 얼마든지 많다는 사실을 파악했다.

장애물에 부딪쳤을 때 목표에 이르는 방법은 얼마든 바꿀 수 있다. 다만, 목표에 이른다는 결심만은 바꿔서는 안 된다

When facing obstacles, you can change the ways to reach your goal, but never change your decision on reaching it

〈독수리 에디〉의 에디도 마이크와 마찬가지로 '한심하다'는 주변의 시선을 한 몸에 받는다. 자신이 기억하는 순간부터 에디는 늘 영국 국가대표가 되어 올림픽에 참가하는 꿈을 꿨다. 종목은 아무래도 상관없었다. 그런 점에서 에디의 꿈은 특별하다. 제한적이면서도 탄력적이기 때문이다. 에디는 온갖 종류의 운동을 다 시도해보았지만 눈에 띄는 성취를 거둔 종목은 하나도 없었다.

결국 하계올림픽 출전은 불발되고 만다. 그러나 에디는 특유의 낙천적인 기질을 발휘해 동계올림픽으로 눈을 돌린다. 스키 종목에서 준수한 실력을 선보였지만 결과적으로는 스키 국가대표 후보에서 제외되고 만다. 이때 에디는 영국 선수들 중에 스키점프 종목으로 올림픽에 출전한 경우는 한 명도 없다는 사실을 발견한다. 단지 그 이유만으로 스키점프에 대해 아무것도 모르면서 지원한 결과, 이 종목의 유일한 국가대표 선수가 되어 올림픽 무대를 밟게 된다.

오랜 세월 스키점프를 연습한 노련한 선수들에 비하면 에디가 거둔 성적은 차마 눈뜨고 못 볼 수준이었다. 하지만 그가 어떤 상황에서도 포기하지 않고 노력해왔다는 사실을 알게 된 관중들은 큰 감동을 받는다. 결과에 연연하지 않고 끊임없이 노력하는 에디의 태도야말로 올림픽이 대표하는 스포츠정신에 부합했던 것이다. 그리하여 동계올림픽 위원장은 폐막식 축사 도중 에디에게 경의를 표하며, 그가 '독수리처럼 공중으로 날아올랐다(soared like an eagle)'라고 평가한다.

어느 길로 가야 할지 알았다면
얼마나 오래 가야 하는지는 중요하지 않다

Once you know which is the right path, how long it takes doesn't quite matter

두 영화 속 주인공들은 처음부터 마지막까지, 자신이 하고자 하는 일이 무엇인지를 명확히 알았다. 마이크는 겁주기 몬스터가 되고자 했고, 에디는 국가대표가 되어 올림픽에 참가하고자 했다. 둘 다 자신에게 선천적인 단점이 있다는 것을 알았지만, 난관에 봉착할 때마다 자신을 비하하거나 누군가를 원망하지 않았다. 그 대신 다양한 방법으로 돌파를 시도하며 목표를 향해 나아갔다.

교칙을 위반해 퇴학당한 마이크는 학업을 완수하지 못했고 몬스터 주식회사의 '겁주기 몬스터'로 취직하지도 못했다. 하지만 친구 설리와 바닥부터 다시 시작하여 마침내 몬스터 주식회사 역사상 최고의 콤비가 된다. 에디는 더 영리했다. 달리기를 못하면 허들로 종목을 바꿨고, 하계올림픽에 참가할 수 없게 되자 동계올림픽으로 방향을 전환했으며, 스키 팀에서 내쫓기자 스키점프 종목에 이름을 올렸다.

세상에 성공한 사람들은 무수히 많다. 하지만 성공에 이르기까지, 하나같이 길고도 험난한 시간을 지나야 했을 것이다. 이들에게 성공의 비결을 물었을 때 가장 많이 돌아오는 대답을 요약하자면 '버티기'와 '변통하기'다. '버티기'는 끝까지 꿈을 이루겠다는 결심을 의미하고, '변통하기'는 정세를 살펴 적절하게 방법을 바꾸는 능력을 말한다. 성공에 이르려면 둘 중 어느 하나도 없어서는 안 된다.

자신의 최종 목표가 무엇인지 알았다면 용감하게 행동에 나서라. 물론 첫술에 배부를 수는 없을 것이다. 성과를 금세 내지 못할 수도 있고, 온갖 장애물에 부딪혀 멍이 들 수도 있다. 하지만 꿈을 이루겠다는 결심만 변하지 않는다면 얼마든 창의적인 방법으로 목적지에 도달할 수 있다.

영화에서 읽는 '인생 한 컷'

어쩌면 누군가는 마이크와 에디의 꿈을 폄하할지도 모른다. 마이크는 겁주기 몬스터 팀의 일개 보조일 뿐이고, 에디는 메달 하나 따지 못한 선수인데 그게 무슨 성공이냐며 코웃음 칠지도 모른다. 하지만 마이크와 에디의 인생은 분명 성공했다. 둘 다 수많은 사람들이 완수하지 못한 일, 바로 자신의 꿈을 실현하는 일을 해냈기 때문이다.

세속의 기준으로 보자면 마이크나 에디는 대단한 성공을 거둔 것이 아닐지도 모른다. 그러나 한 가지 알아야 할 것은, 마이크와 에디 모두 타인의 기대에 부응하거나 누군가의 기준에 도달하기 위해 애쓴 적이 없다는 사실이다. 그 둘은 그저 자신이 어렸을 때부터 좇아온 꿈을 위해 부단히 노력했을 뿐이다. 그러니 이들의 인생은 분명 성공한 것이다.

꿈이 아무리 아득해 보이더라도 놓치지 말라. 당신이 이런저런 방법을 궁리하며 한 발자국씩 다가서기를, 꿈을 이룰 그날이 기다리고 있다.

✜ 함께 보면 좋은 영화

〈하늘에서 음식이 내린다면〉Cloudy With a Chance of Meatballs_2009
〈코코 샤넬〉Coco Before Chanel_2009

시도해보지 않으면
영원히 알 수 없는 것

〈씽〉×〈불량소녀, 너를 응원해!〉

사람은 신기한 그릇이다.
잠재력이라는 용량이 정해져 있지만,
노력에 따라 실제로 담을 수 있는 양이 달라진다.

We are like a container; how much it can hold depends on potential,
how much it actually holds depends on hardwork.

편협한 교육제도, 결과만을 중시하는 사회 분위기 속에서 '성공' 의 정의는 매우 협소해졌다. 학생들은 높은 점수를 받고 소위 '일류'라 불리는 대학에 들어가는 것을 최고의 가치로 여긴다. 사회에 발을 디딘 후에는 어느 회사에 다니고 연봉은 얼마인지가 곧 성공 여부를 결정짓는다.

때문에 상당수는 성적이나 연봉에 따라 '기준에 못 미치는 사람' 취급을 받곤 한다. 더욱 서글픈 사실은, 그런 대우에 스스로 익숙해져 외부의 목소리를 진실이라 받아들인다는 것이다.

동물들의 음악 오디션을 주제로 한 애니메이션 〈씽〉Sing, 2016과 실화를 바탕으로 한 영화 〈불량소녀, 너를 응원해!〉Flying Colors, 2015 는 자신의 능력을 믿지 못하던 이들의 이야기다. 이들이 어떻게 스스로를 이겨내고 꿈을 자기 것으로 만드는가를 영화는 흥미롭게 보여준다.

〈씽〉에서 망해가는 극장 '문Moon'의 극장주, 버스터 문은 지난날의 영광을 되찾기 위해 대국민 오디션을 개최하기로 한다. 그런데 어처구니없는 실수로 인해 원래 1,000달러이던 우승 상금을 10만 달러로 잘못 광고하는 사고가 벌어진다. 어마어마한 상금 소식을 듣고 수많은 동물들이 오디션에 참가하기 위해 몰려드는데, 이 중에는 노래를 사랑하지만 이런저런 사정으로 재능을 펼칠 수 없던 동물들도 섞여 있다.

〈불량소녀, 너를 응원해!〉는 사야카라는 소녀가 주인공이다. 사야카는 고등학교 2학년이지만 공부는 뒷전인 탓에 초등학생 수준의 상식을 자랑한다. 아무런 계획도 없이 친구들과 어울려 놀기만 하던 사야카는 불미스러운 일에 얽히고 만다. 자칫 퇴학 당할지도 모르는 상황에 처하자, 엄마 손에 이끌려 어쩔 수 없이 학원에 등록한다. 그런데 학원 선생님의 특별한 교육법은 사야카에게 완전히 새로운 비전을 심어주었다. 처음으로 공부에 흥미를 느낀 사야카는 명문대인 게이오대학에 진학하겠다는, 불가능해 보이는 목표를 세운다.

___

타인의 기대는 결코 목표가 될 수 없다. 가장 큰 도전은 언제나 '스스로에게 진실한 삶'이다

Expectations from others should not become goals of your own; life's biggest challenge is always staying true to yourself

〈씽〉에는 갖가지 사연을 가진 동물들이 등장한다. 기회만 있으면 노래를 흥얼거리고, 언젠가는 많은 동물들 앞에서 공연할 수 있기를 꿈꾸는 이들. 그러나 바쁘게 돌아가는 일상에서는 그 꿈을 그저 마음 한 켠에 묻어둘 수밖에 없다. 꿈을 따르지 못하는 아쉬움을 호소하는 것조차 여의치 않기에, 주변 누구도 이들의 속마음을 알지 못한다.

그중 가장 인상적인 캐릭터는 절도범 아버지 밑에서 조직 일을 돕는 고릴라 조니다. 조니는 험상궂은 외모 뒤에 섬세한 마음과 아름다운 목소리를 숨기고 있다. 아버지를 사랑하지만, 아버지처럼 은행을 터는 범죄자가 되고 싶지는 않다. 조니를 가장 행복하고 열정적으로 만드는 것은 바로 노래다. 그런 진심을 차마 밝힐 수 없기에, 가족들 몰래 오디션 명단에 이름을 올리고는 뛸 듯이 기뻐한다.

꿈을 포기하고 싶지도, 그렇다고 가족들의 기대를 저버리고 싶지도 않은 조니는 힘든 이중생활을 이어간다. 리허설에 참여할 때는 범죄를 저지르고 있을 가족들 걱정에 마음이 무겁지만, 반대로 가족들과 함께할 때면 마음은 이미 무대로 날아간 지 오래다. 현실과 꿈 사이에서 발버둥치는 조니의 상황은, 우리들의 하루하루와 크게 다르지 않다.

고단한 길을 행복하게 걷는 것, 그것이 곧 꿈이다

Happiness is a happy walk on a difficult road

〈불량소녀, 너를 응원해!〉의 사야카는 자기처럼 공부와는 담쌓은 친구들과 몰려다니며 노는 것만이 최대 관심사다. 성적이 형편없고 선생님이 무시해도 개의치 않는다. 그러다가 교칙 위반으로 정학 처분을 받은 후 퇴학까지 당할 위기에 처하자 그제야 어쩔 수 없이 입시학원에 등록한다. 원래는 대충 다니는 시늉만 할 생각이었는데 학원 선생님의 특별한 교육법 덕에 공부에 점점 흥미가 생기기 시작한다. 얼마 후 게이오대학 진학을 목표로 정한 뒤부터는 한층 의욕에 불타오른다.

사야카가 심경의 변화를 일으킨 것은 부모님이나 선생님 때문이 아니었다. 그저 공부가 좋아졌고, 난생처음 짜릿한 성취감을 느꼈기 때문이다. 과거의 자신을 뛰어넘기 위해 노력한다는 것, 삶의 주도권을 되찾는다는 것, 끊임없이 성장하고 발전한다는 것. 모두 무한히 행복한 일이지만 어느 하나 쉽지 않음을 사야카는 천천히 깨닫는다.

'시도조차 해보지 못한 꿈' 만큼
오래도록 서글픈 것은 없다

Nothing is so sad as a dream you haven't even tried

일반적으로 시선으로 보았을 때, 오디션에 참가한 동물들과 사야카는 애초에 그리 가망이 없었다. 원대한 꿈에 비해 환경은 각박하고 재능도 전혀 검증되지 않았다. 무시하던 많은 이들을 결국 깜짝 놀라게 할 수 있었던 것은 단 한 사람, 이들에게 기회를 준 누군가가 있었기 때문이다. 바로 극장주 버스터 문과 츠보타 선생님이다.

조니도 한때는 자신을 의심하고 오디션을 포기할 생각까지 했지만 우연히 버스터 문의 리허설 파일을 본 뒤 생각을 완전히 바꾼다. 문은 조니를 가리켜 '타고난 가수'라고 평했다. 여기서 강한 동기를 얻은 조니는 연습에 온전히 매진하고 결국 자신을 줄곧 부정하던 아버지까지 감동시킨다.

츠보타 선생님도 사야카를 '가능성이 넘치는 뛰어난 아이'라고 표현한다. '안 되는 학생은 없다. 오직 무능한 선생님만 있을 뿐이다'라는 신념에 따라, 공부의 방법을 모르는 아이들이 그 방법을 깨우칠 수 있도록 돕는다. 아이들이 좋아하는 다양한 소재를 공부법에 접목하고, 덕분에 아이들은 공부 자체를 좋아하게 되어 재능을 마음껏 발휘한다.

우리들 삶에도 저마다 잘하는 일과 못하는 일, '하고 싶은 일'과 '해야만 하는 일'이 뒤섞여 있다. 그렇기에 우리의 재능, 꿈, 성취를 성적이나 연봉 같은 획일적인 기준으로 평가할 수 없다. 그렇게 된다면 아직 시도조차 해보지 못한 꿈, 노력의 기회조차 얻지 못한 꿈들은 영원히 빛을 발하지 못할 것이다.

우리에게 필요한 것은 '가능성 있다'라는 따뜻한 희망과 노력이다. 그럴 때 우리는 누구보다도 찬란한 빛을 뿜어낼 것이다.

안전구역 밖으로 나가지 않으면 자신이 얼마나 강한지 결코 알 수 없다

You never know how strong you are until you have stepped outside of your comfort zone

'기회는 잡을 줄 아는 사람의 것'이라는 말이 있다. 조니를 비롯한 동물들에게 일단 도전해보겠다는 마음이 없었다면, 수많은 오디션이 지척에서 열리더라도 아무 소용 없었을 것이다. 사야카도 마찬가지다. 선생님이 아무리 혼신의 힘을 다해 가르치더라도 기회를 잡을 생각이 없었다면 무용지물이었으리라. 안전구역 밖으로 발을 내디디고, 자신의 한계에 부딪쳐보기로 한 그 결심과 용기 덕분에 그들은 성공할 수 있었다.

'세상에 노래 잘하는 사람이 널렸는데 내가 뭐라고⋯⋯.'

'나는 성적 최하위 반이잖아. 내 머리로 공부는 애초에 글렀어.'

인생의 도전에 직면할 때마다 이런 생각들이 그들을 계속 따라다니며 방해했으리라. 그러나 더는 도망치고 싶지 않다고 생각했을 때 조니와 동물들은 모두가 주목하는 무대 위에 올랐고, 사야카도 두꺼운 교과서를 펼침으로써 자신의 인생을 완전히 바꾸었다.

누군가에게 얼마만큼의 능력이 있는지는, 그가 그 한 발을 내밀기로 결심한 뒤에야 비로소 알 수 있는 법이다.

영화에서 읽는 '인생 한 컷'

사람들은 하루에도 몇 번씩 자기도 모르게 스스로를 의심한다.

'내가 책임자니까 다들 전문가라고 생각하겠지? 그런 척하는 것뿐인데……'

'나는 사랑받을 만한 사람이 아니야. 내 진짜 모습을 알면 다들 떠날걸.'

'쟤들 눈에 나는 그저 그런 친구겠지. 나도 남들이 인정할 만한 뭔가가 있어야 하지 않을까?'

내가 부족하다는 생각은 '질 수 없다'는 생각으로 종종 이어진다. 이런 사고에 갇히게 되면, 자신이 생각처럼 나약하고 무능하지 않다는 것을 증명하기 위해 타인의 인정을 갈구하게 된다.

제아무리 성공한 사람들이라 해도 이렇게 스스로를 의심하는 순간은 찾아온다. 대부분은 입 밖으로 꺼내지 않고 다른 사람들이 알지 못하도록 마음속 깊이 꽁꽁 숨겨둘 뿐이다.

이처럼 쉽게 흔들리고 부서지는 내면을 보듬기 위해, 〈세 얼간이〉3 Idiots, 2009의 란초가 불렀던 노래가 오늘 하루 우리에게 필요한 것인지도 모른다.

"삶이 마음대로 되지 않을 땐 입술을 둥글게 말고 휘파람을 불며 외쳐봐. 모든 게 다 잘될 거라고." 〈Aal izz well〉 노래 중에서

✪ 함께 보면 좋은 영화

〈미 비포 유〉Me Before You_2016

〈노틀담의 꼽추〉The Hunchback of Notre Dame_1996

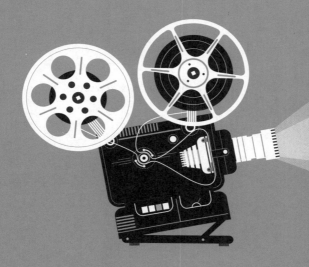

CHAPTER 3

성장,
그 당혹스러운 축복

사람은 생각보다 훨씬 더 강인하다.
햇빛 찬란한 과거든 어두컴컴한 과거든
그 시간이 오늘의 나를 만들고
앞으로의 인생을 맞이할 지혜와 용기를
가져다준다.

눈물 한 방울이
하룻밤 사이에
우리를 성장시킨다

〈센과 치히로의 행방불명〉×〈더 임파서블〉

오늘 우리가 가진 힘은
어제의 상처에서 비롯된다.

The strength that we have today comes
from the pain we've suffered yesterday.

어린 시절은 더없이 포근하고 한가롭다. 아무것도 걱정할 필요 없는 짧고도 신비한 시간이다. 하지만 성장은 피할 수 없다. 그리고 많은 경우, 우리를 성장시키는 것은 원치 않지만 어쩔 수 없이 감당해야 하는 아픔이다.

아카데미상 장편 애니메이션 작품상을 수상한 스튜디오 지브리의 〈센과 치히로의 행방불명〉The Spiriting Away Of Sen And Chihiro, 2001 과, 태국을 덮쳤던 쓰나미를 소재로 한 〈더 임파서블〉The Impossible, 2012은 근심 걱정 없던 어린 두 주인공에게 갑자기 들이닥친 혹독한 사건을 중심으로 한다. 두 아이는 엄청난 난관에 부딪히면서 순식간에 성장한다.

〈센과 치히로의 행방불명〉의 주인공인 열 살짜리 소녀 치히로는 부모님과 함께 이사하던 날, 인간에게는 금지된 신들의 세계로 우연히 들어서게 된다. 온갖 기이한 정령들이 살고 있는 이곳. 먹는 데 정신이 팔린 부모님은 한순간에 돼지로 변해버리고, 치히로는 마녀 유바바가 운영하는 온천장에서 일하며 부모님을 인간으로 되돌릴 방법을 찾기로 한다.

한편 〈더 임파서블〉은 루카스라는 열두 살 소년의 이야기다. 태국에서 즐거운 휴가를 보내던 루카스 가족은 그만 거대한 쓰나미에 휩쓸리고 만다. 아빠와 두 남동생은 눈앞에서 사라지고, 곁에 있는 엄마는 심각한 부상을 입어 루카스에게만 의존하는 상태다.

두 아이의 세계는 순식간에 엉망진창으로 뒤집혔다. 하지만 다른 방법은 없다. 어떻게든 혼자 힘으로 일어나야만 한다.

눈물을 다 흘리고 나면 강한 힘만이 남는다
When you run out of tears, strength is what's left

〈센과 치히로의 행방불명〉에서 게걸스럽게 신들의 음식을 탐하다 돼지로 변해버린 부모님을 지켜보며 어린 치히로는 극심한 공포를 느꼈을 것이다. 당황한 와중에 다른 선택의 여지가 없었기에, 신비한 소년 하쿠의 도움으로 유바바가 운영하는 온천장에 오게 된다. 유바바는 온천장에 머무는 대신 이름을 내놓으라는 조건을 내걸고, 그리하여 치히로는 '센'이라는 이름을 갖게 된다.

밤새 이불 속에서 떨며 뜬눈으로 지새운 후, 자신이 처한 상황이 결코 꿈이 아님을 깨달은 치히로는 다시금 절망에 빠진다. 이때 하쿠가 나타나 다정하게 위로하며 아침식사까지 챙겨주자, 치히로는 펑펑 눈물을 쏟으며 눌러뒀던 감정을 발산한다. 그리고 이때를 마지막으로 치히로는 더 이상 울지 않는다. 자신에게 필요한 용기가 운다고 생기는 것이 아님을 알았기 때문이다.

부모의 보살핌 속에서 아무 걱정 없이 자란 아이들도 언젠가는 홀로서기를 해야 한다. 어쩌면 이 과정은 너무 가혹해서 어찌할 바를 모르고 당황하거나 눈물이 터질 수도 있다. 하지만 눈물을 다 흘리고 나면 아이들도 깨닫게 된다. 이제 어른처럼 강인하게 홀로 서야 할 때라는 걸.

당신의 슬픔을 영원히 대신 짊어질 사람은 없다. 언젠가는 홀로 서야 할 날이 찾아온다

No one can bear your sorrow forever;
some day you'll need to carry the load yourself

〈더 임파서블〉의 2004년 크리스마스 아침. 햇살이 온 세상을 찬란하게 비추던 그날 루카스와 부모님, 그리고 두 남동생은 호텔 수영장에서 즐거운 한때를 보내고 있었다. 그런데 멀리서부터 천지가 무너지는 듯한 굉음이 전해지더니 곧바로 빌딩 높이의 거대한 파도가 덮쳐왔다. 밀어닥친 물살에 휩쓸려 정신이 혼미해져가던 루카스는 가까스로 떠올라 엄마와 함께 수면 위의 통나무를 붙든다. 그리고 다음 순간, 엄마를 껴안은 채 큰소리로 울기 시작한다.

물살이 약한 곳까지 떠밀려간 루카스는 문득 엄마의 허벅지에 뼈가 보일 정도로 깊이 패인 상처가 난 것을 발견한다. 처음의 두려움을 이겨낸 루카스는 한 가지 사실을 자각한다.

'아빠와 두 동생은 이미 죽었을지도 몰라. 엄마와 내가 살아날 희망은 이제 모두 나한테 달렸어.'

루카스가 조그만 몸으로 중상을 입은 엄마를 부축하며 나무 위로 기어오를 때, 소년의 얼굴에는 단호한 표정이 떠오른다. 어쩔 줄 몰라 허둥거리던 울보 소년은 사라지고, 넓은 어깨로 모든 짐을 짊어진 사내가 모습을 드러낸 순간이었다.

길을 가다보면 갈림길이 당신을 기다린다. 한쪽은 성장을 향해 뚜벅뚜벅 나아가는 길이고, 다른 하나는 뒤돌아 안전구역으로 숨는 길이다

A choice is waiting for you down the road; walk towards growth, or run back to your comfort zone

모든 아이에게 성장은 설레고 기대되면서도 두려운 대상이다. 기다리던 초등학교 등교 첫날, 막상 학교에 가서는 엄마 손을 놓지 못하고 복도에서 울고 매달리는 아이의 심정처럼 말이다. 영화 속 두 주인공도 그와 같은 두려움에 사로잡힌다.

처음에는 치히로와 루카스도 평범한 십 대 아이들과 다를 바 없었다. 부모에게 의존하면서도 때로는 시시콜콜한 간섭이 귀찮기도 했다. 그런데 갑작스러운 위기를 맞고서 두 아이는 놀라운 모습을 보인다. 치히로는 온갖 정령들이 머무는 온천장을 자기 발로 찾아갔고, 루카스는 부상당한 사람들로 가득한 병원의 아수라장 속에서 엄마를 돌본다.

두 아이 앞에 놓인 새로운 환경은 단순히 낯선 것이 아니라 두려움으로 넘실대는 세상이었다. 여기서 아이들은 지금까지의 인생 중 가장 중대한 선택을 내리게 된다. 도전을 용감하게 받아들여 성장할 것인가, 아니면 다른 사람의 보살핌이 필요한 아이로 계속 남아 있을 것인가? 막다른 골목으로 내몰린 아이에게 나약한 선택을 할 여유는 없었다. 용기를 내어 뚜벅뚜벅 성장을 향해 나아가야 할 뿐이다.

성숙하다는 것은, 무엇을 해야 하며 어디로 가야 하는지를 아는 것이다

Being mature is knowing what needs to be done, and where you need to go

어린아이들은 세상 일이 자기 마음대로 풀리지 않을 때 짜증을 낸다. 엄마나 아빠가 관심을 보이지 않거나, 원하는 선물을 받지 못할 때면 뜻을 이룰 때까지 떼를 부리기도 한다. 나이를 먹고 다양한 난관을 겪고 나서야 세상이 나를 중심으로 돌지 않는다는 사실을 깨닫는다.

하지만 이렇게 세상 물정에 눈을 떴다고 해서 '성숙했다'고 표현할 수는 없다. 진정한 성숙이란, 설령 이 세상이 자신을 중심으로 돌지 않는다 하더라도 세상을 더 나은 곳으로 만들기 위해 최선을 다할 능력과 책임이 자신에게 있음을 깨닫는 것이다.

치히로와 루카스는 바로 그랬다. 자신이 처한 상황과는 상관없이, 주변의 불행한 사람들을 도울 능력이 스스로에게 있다는 사실을 깨달았을 때 팔을 걷어붙이고 용감히 나섰다. 치히로와 루카스가 다른 이들을 돕는 이야기는, 이전의 자신과는 다른 사람이 되어가는 과정을 상징한다.

결국 치히로는 하쿠의 이름을 되찾아주고, 루카스는 홀로 있던 꼬마아이의 아빠를 찾아주면서 유년 시절에 안녕을 고하고 더 성숙한 시절을 향해 나아가게 된다.

영화에서 읽는 '인생 한 컷'

살다 보면 어떤 사람, 어떤 일, 또는 눈물 한 방울이 우리를 하룻밤 사이에 성장시킨다.

이런 '하룻밤'을 무사히 겪어낸 이들에게는 "첫 번째 관문을 넘은 것을 축하합니다!"라고 축하의 인사를 건네고 싶다. 하지만 너무 오래 축배를 들 수는 없다. 안타깝게도 이것은 이제 시작이라는 신호일 뿐이기 때문이다. 저 앞에는 더 많은 도전이 연달아 기다리고 있다.

혼신의 힘을 다해 마라톤을 뛰다가 자기 앞에 있던 선수를 추월했다고 생각하는 순간, 그는 빙그레 웃으며 이렇게 말할 것이다.

"이제 한 바퀴 뛴 건가? 쉬엄쉬엄 오게나. 앞으로 아흔아홉 바퀴를 더 돌아야 할 테니까!"

그러나 좌절은 금물이다. 한 바퀴씩 돌 때마다 당신의 근육은 점점 더 튼튼해지고 남은 코스를 뛸 수 있는 힘을 비축할 것이다. 당신은 결국 완주해낼 것이다!

당신이 아직까지 그 어떤 전환점도 맞닥뜨린 적이 없다면 이렇게 말해주고 싶다.

"트랙 밖에서 다른 사람들의 경기를 구경하는 지금을 마음껏 즐기십시오. 곧 당신도 트랙을 뛰어야 할 겁니다. 그러나 겁먹지 마세요. 트랙에 처음 오를 때는 누구나처럼 두렵겠지만, 트랙에서 내려올 때는 활짝 웃게 될 테니까요."

⊛ 함께 보면 좋은 영화

〈쿠스코? 쿠스코!〉 The Emperor's New Groove_2000

〈로카 라퀴〉 Hang in There, Kids!_2016

현실을 마주할,
아이의 시선을 되찾으라

〈어린왕자〉×〈후크〉

성장은 결코 맞바꾸는 것이 아니다.
우리는 어떤 것도 잃은 적이 없다. 그저 잊었을 뿐이다.

Growing up is never a trade-off. We don't lose anything, we only forget.

어른으로 사는 것이 힘겹고 곤혹스러운 날이면, 천진난만하던 어린 시절이 문득 떠오른다. 어린 시절 우리는 무한한 가능성으로 반짝였다. '나중에 어른이 되면 꼭 해야지'라며 손꼽던 일들은 우리를 얼마나 설레게 만들었던가. 그런데 불가능이란 없던 그 아이들이 그토록 고대하던 어른이 되고 나니 이상하게도 갈수록 불가능한 일이 늘어난다.

'다른 일을 하고 싶다고? 불가능해. 말처럼 쉬운 일이 아니야.'

'여행을 가고 싶다고? 불가능해. 그럴 돈도 시간도 없으니까.'

'완전히 달라지고 싶다고? 불가능해. 내가 원하는 그 모습을 다른 사람들은 좋아하지 않거든.'

그때는 가능했던 수많은 일들이 어른이 되어갈수록 불가능해지기에 우리는 '어린 나'를 그리워하곤 한다.

애니메이션 감독 미야자키 하야오는 이런 말을 남겼다.

"유년기는 자라서 성인이 되기 위해 존재하는 것이 아니다. 유년기 그 자체를 위해, 어린아이였을 때만 겪을 수 있는 일들을 체험하기 위해 존재하는 것이다. 유년기의 경험 5분이 성인의 1년치 경험보다 낫다."

그러니 만약 어린아이의 마음으로 이 세상을 바라볼 수 있다면,

다시금 새로움과 열정이 넘치는 세상을, 그리고 나를 마주할 수 있지 않을까?

'동심'을 상징하는 대표적인 캐릭터 둘을 꼽자면 아마도 어린왕자와 피터팬이 아닐까 한다. 수많은 영화가 그 둘을 주인공으로 삼았는데 스톱모션 애니메이션으로 탄생한 〈어린왕자〉Le Petit Prince, 2015와 로빈 윌리엄스Robin Williams가 주연을 맡은 〈후크〉Hook, 1991도 그중 하나다.

소행성 B-612에 살던 어린왕자는 많은 별들을 여행하면서 별의별 어른들을 만난다. 그중에는 욕심쟁이 상인도 있었고 허영에 물든 사람, 술고래와 국왕도 있었다. 어린왕자의 눈에 비친 어른들은 너무도 이상하다. 이들은 하나같이 어린왕자가 이해할 수 없는 일로 괴로워한다.

피터팬은 원래 영원히 어른이 되지 않는 소년으로, 기이한 생명체가 가득한 환상의 섬 네버랜드에 산다. 하지만 영화 〈후크〉에서 피터팬은 사뭇 다른 모습으로 등장한다. 네버랜드를 떠나 영국으로 가서 보통 사람들과 같은 삶을 살기 시작한 것이다. 어른으로 성장한 피터팬은 성공한 변호사가 되었고, 결혼해서 아이까지 낳았다. 그는 네버랜드에서 있었던 일들을 모두 잊고 자신이 피터팬이었다는 사실조차 망각하고 만다.

당신을 낙담케 하는 것이
꼭 변화무쌍한 세상만은 아니다.
그저 당신이 자랐기 때문일 수도 있다

The ever-changing world isn't always the reason behind your frustrations;
sometimes it just means that you are growing up

아이의 눈으로 본 세상은 단순하면서도 아름답다. 어린왕자는 종
종 자기도 모르게 독특한 세계관을 드러낸다. 어린왕자는 별이
무척 아름답다고 생각한다. 그 안에 '보이지 않는 꽃 한 송이가 있
기' 때문이다. 또 사막도 무척 아름답다고 생각한다. '어디엔가 우
물이 숨어 있기' 때문이다. 자신이 정성껏 물을 주고 돌본 장미꽃
도 무척 아름답다고 생각한다. '우주에 단 하나뿐인 장미꽃이기'
때문이다.

　나중에 어린왕자는 소행성 B-612를 떠나 근처 다른 별들을 여
행하기 시작한다. 처음으로 만난 낯선 사람들은 새롭고 신기했지
만 그들과 이야기를 나눈 뒤에는 어쩐지 불쾌해졌다. 그들은 언
제나 어린왕자가 이해할 수 없는 일들을 신경 썼고 어린왕자마저
덩달아 의심에 차게 만들었다. '내가 중요하다고 생각하는 것들
이 생각만큼 중요한 게 아닐지도 몰라.' 하는 생각이 어린왕자를
자꾸만 콕콕 찔렀다.

　그중에서도 어린왕자에게 가장 큰 충격을 준 것은 지구에 와서

본 장미 꽃밭이었다. 어린왕자의 장미는 자신이 세상에 단 하나뿐인 장미꽃이라고 말했다. 뾰족한 가시가 조심스럽고 변하기도 쉽게 변하는 장미였지만, 어린왕자는 온 마음을 다해 정성껏 돌봤다. 그런데 그 장미와 똑같이 아름답고, 똑같이 가시를 가진 장미꽃이 이 정원에만 수천 송이 피어 있었으니 어린왕자는 놀라고 상심할 수밖에 없었다.

"나는 내가 무척 부유한 줄 알았어. 세상에 하나뿐인 장미꽃을 가지고 있으니까. 그런데 그 장미는 아주 평범한 꽃에 지나지 않았어."

어린왕자는 풀밭에 엎드려 울면서 말한다.

하지만 좋은 친구 여우는 한 가지 사실을 일깨워준다. 어린왕자의 장미꽃이 활짝 필 수 있었던 것은 그가 애정을 쏟은 덕분이며, 그리하여 다른 장미꽃들과는 다른 특별한 장미가 되었다는 것이다. 그렇기에 세상에 아무리 많은 장미꽃이 피어나더라도 어린왕자에게는 그의 장미가 유일무이한 존재일 수 있었다.

나쁜 변화란, 스스로 혐오하던 사람이 되는 것이다

Bad change means being a person you despised

평생 어른이 되지 싫지 않다고 말하던 피터팬은 영화 속에서 네 버랜드를 떠나 영국으로 간다. 웬디의 도움으로 입양 가족을 찾고, 평범한 사람들처럼 어른이 되어간다. 시간이 흘러 피터팬은 이제 성공한 변호사이자 두 아이의 아빠가 되었다. 하지만 늘 일에 치이느라 아이들과의 관계는 점점 소원해진다.

그러던 어느 날, 후크가 피터팬의 아들을 납치하는 사건이 벌어진다. 피터팬은 아들을 구하기 위해 팅커벨을 따라 네버랜드로 돌아간다. 그곳에서 지난날의 동료였던 '길 잃은 아이들'을 만나 도움을 청하는데 돌아오는 것은 싸늘한 반응뿐이다.

어린 시절의 기억을 잃은 피터팬은 더 이상 하늘을 날 수 없을 뿐만 아니라, 그들이 그토록 혐오하던 '어른'이 되어버렸다. 상상력이라고는 찾아볼 수 없는, 그저 따분하고 매사 심각한 아저씨일 뿐이다. 게다가 길 잃은 아이들은 지난날 피터팬이 네버랜드를 떠나는 바람에 후크의 위협에 시달렸던 일을 도저히 용납하지 못한다.

어떤 대상의 가치를 제대로 알려면, 그 대상을 소중히 여기는 법부터 배워야 한다

To know the value of something properly, you must learn how to value it

한편 납치당한 피터팬의 아들 잭은 일부러 접근한 후크에게 호감을 느낀다. 친아빠인 피터팬보다도 오히려 더 아빠 같다고 느낀 것이다. 그제야 피터팬은 자신이 생활에 쫓기느라 삶에서 가장 중요한 것을 등한시했다는 사실을 깨닫는다. 지금의 그는 예전에 자신이 맞서던 어른의 모습과 전혀 다를 게 없었다. 피터팬은 잃어버린 동심과 예전의 모습을 되찾기로 결심한다.

어린왕자의 좋은 친구 여우는 이런 말을 한다.

"정말로 중요한 것은 눈에 보이지 않아."

바꿔 말해, 만약 우리가 눈으로 보는 데만 익숙해지면 정말로 중요한 것을 볼 수 없게 된다는 뜻이기도 하다.

아이들이 상상력이 넘치는 이유는 아직 이 세상의 규칙에 익숙해지지 않은 까닭에, 어떤 제약도 없이 세상을 바라보기 때문이다. 그러나 자라는 과정에서 사회는 우리에게 온갖 가치관과 규범을 끊임없이 덮어씌운다. 그렇게 어른이 된 아이들은 똑같은 눈으로 세상을 바라보고 틀에 박힌 생각밖에 하지 못한다.

얼마나 좋은 학생인가를 보려면 성적을, 얼마나 성공한 어른인가를 보려면 연봉을 보면 된다. 집의 아늑함을 판단하는 기준은 집값이고, 인기의 척도는 그 사람이 페이스북에서 받은 '좋아요' 숫자다.

어떤 물건의 가치를 숫자로 손쉽게 치환했을 때, 우리 눈에는 오로지 그 숫자만 들어오게 된다. 그러나 어떤 대상의 가치를 정말 알고 싶다면, 그 대상을 소중히 여기는 방법부터 배워야 한다. 피터팬의 아이들이 정말 원했던 것은 아빠의 '선물'이 아니라 '관심'이었던 것처럼 말이다.

성장하기 위해서는 손을 놓아야 할 때도 있다. 하지만 그것이 잊어야 한다는 의미는 아니다

Growing up may force us to let go, but we don't have to forget

'성장'이란 모든 사람이 살면서 반드시 거쳐야 하는 과정이다. 우리가 B-612 별이나 네버랜드에서 평생 어린아이로 살 수는 없으니 말이다.

그런데 수많은 사람들에게 성장의 과정은 끊임없이 '교환'해야 하는 과정이다. '어른' 세계의 무언가를 얻으려면 '아이' 세계의 무언가를 내놓아야만 한다는 뜻이다. 논리적으로 사고할 줄 알게 되면서 더는 기상천외한 환상을 품을 수 없게 되고, 세상물정에 밝아지면서 더는 감성적으로 생각할 수 없게 되며, 미래를 바쁘게 걱정하느라 수많은 현재의 순간들을 즐길 여력이 없어진다.

그러나 사실 '성장'은 결코 맞바꿈의 대상이 아니다. 아이의 환상과 감성, 정말 소중히 아끼는 것들은 사실 우리 안에 그대로 남아 있다. 그저 어른이 되려고 애쓰느라 잠시 잊었을 뿐, 잃은 것이 아니다. 영화 〈어린왕자〉에서 조종사는 이렇게 말한다.

"문제는 성장하는 게 아니라, 잊는 것이다."

물론 아이의 천진난만함만으로 이 세상에서 살아남을 수는 없다. 우리에게는 스스로 부딪치고 해결해야 할 문제들이 수없이 많기 때문이다. 그래서 많은 어른들은 외줄을 타듯 현실과 이상 사이에서 균형을 잡으며 조심스럽게 나아간다. 우아하게 턴을 하든, 이리 비틀 저리 비틀하든 우리는 나름의 균형을 잃지 않으려 애쓴다.

어른들의 발걸음 자체를 탓할 수는 없는 일이다. 그러나 바쁜 걸음을 옮기는 중에 문득 멈추고서, 잠시 잊었던 아이의 시선으로 세상을 다시 둘러본다면 어떨까. 어른답게 생각해야 한다는 중압감은 내려놓자. 복잡하게 얽힌 문제들 속에서 아주 단순하고도 기발한 실마리를 찾을 수 있을는지도 모른다. 흔들리는 줄 위에서는 바로 밑의 한발자국에 연연하는 것보다, 저 멀리 어슴푸레한 끝을 바라보는 편이 훨씬 효과적인 법이니 말이다.

⊕ 함께 보면 좋은 영화

〈마녀 배달부 키키〉Kiki's Delivery Service_1989
〈비스트〉Beasts of the Southern Wild_2012

지난 모든 경험이
지금의 자신을 만든다

〈문라이트〉×〈컬러풀〉

시간이 흐름에 따라 사람은 누구나 나이 든다.
그러나 제대로 경험한 사람만이 성장할 수 있다.

With time, everyone gets old.
But it's only with experience will one really grow.

어린 시절의 세상은 무척 작아 집과 학교가 전부다. 아직 자립할 수 없고 완전히 성숙하지도 못한 탓에 가족과 선생님, 친구들에게 의지한다. 따라서 주변 사람들의 영향을 특히 많이 받게 되며, 그 관계는 인격의 형성에도 여파를 미친다.

화목한 가정에서 태어나 부모님의 살뜰한 보살핌을 받았든, 박복한 운명을 타고나 대부분의 시간을 스스로의 힘으로 헤쳐 왔든, '어린 시절'은 모든 사람의 인생에 지우기 힘든 밑그림이 된다. 때로는 어렸을 때의 부정적인 경험이 평생에 걸쳐 어두운 그림자를 드리우는 경우도 있다. 이렇게 되면 신체는 성숙해져도 정신은 그때 그 시간에서 벗어나지 못하는 상황이 초래된다.

2017년 아카데미 작품상 수상작인 〈문라이트〉Moonlight, 2017와 독특한 소재의 애니메이션 영화 〈컬러풀〉Colorful, 2010은 판이하게 다른 배경 속, 두 소년의 성장 이야기다.

먼저 〈문라이트〉는 샤이론이라는 인물의 인생 궤적을 따라가는 영화로, 아이가 유년기와 청소년기를 거쳐 성인이 되기까지 인생의 중요한 순간순간들을 훑어간다. 가난한 흑인이자 동성애

자인 데다가 엄마는 마약중독자인 샤이론은 약자 중의 약자로 묘사된다.

〈컬러풀〉은 애니메이션의 상상력이 한껏 두드러지는 작품이다. 영화 초반, 스스로 목숨을 끊은 영혼 '나'는 저승에서 운 좋게도 6개월간의 유예기간을 얻는다. 자신과 마찬가지로 자살해서 저승에 온 사람 중 한 명의 생명을 이어받아 다시 인간 세상으로 갈 기회를 얻은 것이다. 그렇게 영화 속 '나'는 마코토라는 소년의 인생을 살게 된다.

애니메이션에서든 현실에서든, 유년 시절이 행복했든 불행했든, '성장'은 당혹스럽기만 하다.

우리를 정말로 자라게 하는 것은 대개 눈물과 비통이다

Tears and heartbreaks are usually what really force us to grow up

〈문라이트〉의 두 번째 장에서는 청소년이 된 샤이론의 이야기가 펼쳐진다. 나이가 들수록 샤이론의 앞을 가로막는 문제들은 더 단단해져간다. 독특한 기질 탓에 여전히 그는 괴롭힘의 대상이고, 엄마의 마약 중독은 손쓸 수 없는 지경으로 악화되었다. 인생의 롤모델로 여기고 따랐던 후안은 이미 죽고 없다. 뿐만 아니라 샤이론은 청소년이 되면서 성적 정체성에 혼란을 겪게 된다.

그런 샤이론에게 유일한 위안이자 가느다란 희망이 되는 존재가 친구 케빈이다. 두 사람이 단짝친구를 넘어 사랑의 감정을 키워가던 어느 날, 비극적인 사건이 일어난다. 케빈이 다른 아이들의 압박에 못 이겨 모두가 보는 앞에서 샤이론을 구타하고 만 것이다. 이 일로 절망에 빠진 샤이론은 고통스러운 현실에서 벗어나고자 차라리 소년원에 들어가는 길을 선택한다.

비참함과 배신감에 떨던 샤이론은, 강한 어른이 되고 싶다면 오직 자기 자신만을 믿어야 한다는 결론을 내린다. 그리고 어린 시절 유일하게 보고 배울 어른이었던 후안의 뒤를 따라 마약 판매상의 길로 들어선다.

샤이론은 '상실'에 대처하는 법을 일찍부터 깨우쳤다. 가족의 의미도, 어린이의 천진함도, 미래에 대한 기대도 너무 이른 나이에 잃었다. 그러나 사랑을 간절히 바라는 마음만큼은 그대로였기에 결국 어머니, 그리고 케빈과 화해한다. 샤이론에게 그들은 언제나 용서의 대상이 아닌, 사랑의 대상이었을지도 모르는 일이다.

과거의 아픔은 사라지지 않는다. 상처는 시간이 흐를수록 옅어질 테지만 끝내 지울 수 없을 것이다. 그러나 언젠가 그 상처는 차마 바라보기 힘든 흉터가 아니라, 고단하고도 대견한 성장의 흔적으로 남을 수 있다.

가장 좋았던 시간과 가장 나빴던 시간을
모두 합친 것이 바로 당신의 인생이다

Your life is the sum of everything that's happened to you,
whether good or bad

〈컬러풀〉에서 다시 인간 세상으로 돌아간 '나'는 마코토라는 남
학생으로 새로운 삶을 살게 된다. 마코토에게는 화목한 가정과
자상한 부모님, 겉보기에는 차가운 것 같지만 동생에게 늘 신경
써주는 형이 있다. 그런 까닭에 '나'는 도대체 마코토가 왜 자살을
생각하게 된 것인지 이해하지 못한다.

그러다가 마코토를 포함한 모두에게는 말 못할 비밀과 고민이
있음이 드러난다. 무능력한 아버지, 남몰래 바람을 피우는 엄마,
물질적인 욕망 때문에 원조교제를 하는 여자 친구의 비밀은 '나'
를 혼란스럽게 한다.

영화의 후반부에 이르러 마침내 놀라운 사실이 밝혀진다. 사실
'나'는 다름 아닌 마코토 자신이었고 '6개월의 유예기간'은 자신
의 인생을 다시 한 번 체험해볼 기회였던 것이다.

자신이 마코토라는 사실을 떠올리지 못하는 시간 동안, 그는 자
신의 인생에서 일어난 일들을 객관적인 시선으로 바라본다. 그러
고 나서야 인생이 늘 원하는 대로 움직이지는 않았으나 그럼에도
결코 놓쳐서는 안 될 소중한 것들이 많음을 깨닫는다.

영화 제목인 '컬러풀'은 '다채롭다'는 뜻이다. 당신의 인생이 한 장의 컬러사진이라고 상상해보라. 좋은 기억들, 행복한 순간들은 그 사진 속에서 오색찬란한 빛깔을 담당한다. 그리고 괴로웠던 일, 잊고 싶은 나쁜 기억들은 사진 속의 인물과 사건, 사물에 비스듬히 매달린 어두운 그림자다. 만약 그림자가 없다면 어떨까? 사진의 색상이 아무리 강렬하고 화려하더라도 뭔가 어색하고 인공적이라는 느낌을 지울 수 없을 것이다. 사진 속에 음영이 스며드는 순간 전체 그림에 생기가 차오르고 깊이가 더해진다.

화려하고 밝은 색과 어두운색 모두를 조화롭게 보듬고, 서로 다른 색상들이 빚어내는 작은 기적들을 가치 있게 여기는 것. 건강하게 성장하는 사람들의 인생이 담아내야 할 그림일 것이다.

성장의 의미는 곧, 슬픔이나 상처와 평화롭게 공존하는 법을 배운다는 것이다

The meaning of being mature is learning to cope with your pain and sorrow

두 영화의 주인공이 실의에 빠진 이유는 이 세상이 생각처럼 아름다운 곳이 아님을 깨달았기 때문이다. 두 소년이 각기 다른 성장기에 맞닥뜨린 번뇌는 괴롭고 곤혹스럽기만 하다. 그럼에도 세상은 그들과 상관없이 계속 돌아간다. 어차피 환경을 바꿀 수 없다면 남은 방법은 내 태도를 달리하는 것뿐이다. 그렇게 하지 않으면 괴롭고 비통한 심정 속에 언제까지나 갇혀 있을 테니 말이다. 예기치 못한 상황에 맞닥뜨렸을 때 자신의 태도를 조율할 수 있느냐는, 곧 그 사람이 얼마나 성숙한가를 측정하는 지표다.

두 소년은 어렵고 힘든 도전을 극복했고, 성장 과정 중에 남은 아픔을 차분히 마주하는 법을 배웠다. 사람은 생각보다 훨씬 더 강인하다. 햇빛 찬란한 과거든 어두컴컴한 과거든 그것이 오늘의 나를 만들고, 앞으로의 인생을 맞이할 지혜와 용기를 가져다준다. 〈컬러풀〉의 천사 캐릭터 '프라프라'가 말했던 것처럼 말이다.

"사람에게는 한 가지 색만 있는 것이 아니라 무척 다양한 색이
있습니다. 아름다운 색도 있고 추한 색도 있겠죠. 그런데 진정한
자신의 색은 아무도 모릅니다. 그러니 다채로운 색으로 살아가세요.
……당신은 살아 있습니까?"

영화에서 읽는 '인생 한 컷'

성장은 반드시 통증을 수반한다. 영구치가 나거나 골격이 커질 때 따라오는 성장통분 아니라 마음의 준비를 할 틈도 없이 들이닥치는 슬픔, 수치심, 당혹감 등 정신적인 고통도 여기에 포함된다. 한편으로 이러한 통증은 어린 시절과의 작별이자, 현실의 시련을 이겨낼 능력을 의미하기도 한다. 더 이상 그 상처가 아프지 않다면 아이는 이미 성장한 셈이다.

영화 '해리포터' 시리즈에서 소년 해리의 이마에는 번개 모양의 흉터가 남아 있다. 다른 사람은 이 상처를 볼드모트를 이긴 흔적으로 여겼지만 해리에게는 도무지 낫지 않는 아픈 상처일 뿐이다. 상처는 볼드모트가 가까이 다가올 때마다 저릿거리며 해리에게 앞으로 닥칠 위험을 경고한다. 마치 고통스러운 과거를 억지로 상기시키는 듯하다.

훗날 해리는 이 상처의 진상을 알게 된다. 볼드모트가 시도한 살인주문을 해리 엄마의 보호주문이 튕겨내면서, 생각지도 못하게 볼드모트의 영혼 중 일부가 해리의 몸속에 깃들며 상처를 남긴 것이다. 그래서 이 상처는 볼드모트의 패배를 의미할 뿐만 아니라 엄마가 아들을 위해 희생한 증거이기도 하다. 그 사실에 해리는 가슴 아파 하지만, 한편으로는 볼드모트를 없애겠다는 결심을 더욱 굳힌다.

성장할수록 문제를 해결하는 능력은 점점 강해진다. 예전이라면 한참 골머리를 썼었을 문제가 어느 순간 누워서 떡먹기가 된다. 그러나 아무리 다양한 경험을 쌓고 유능해져도 우리가 성장의 다음 단계로 나아가지 못하도록 앞을 가로 막는 존재가 있다. 이는 타인이 아니라, 바로 우리 자신의 일부다. 우리는 자신의 마음속 깊은 곳에 자리한 상처와 두려움을 너무나 잘 알고 있기 때문에 끝없이 스스로를 설득한다. 포기하라고, 혹은 더 쉬운 길을 택하라고. 그렇기 때문에 우리가 지난 상처의 의미를 똑바로 읽어내고 극복할 수 있다면, 그 밖의 다른 외적인 도전은 이겨내기가 한결 쉬울 것이다.

❀ 함께 보면 좋은 영화

⟨내 이름은 꾸제트⟩My Life as a Courgette_2016
⟨보이후드⟩Boyhood_2014

과거의 자신과 화해하기

〈나의 소녀시대〉×〈추억은 방울방울〉

성장의 대가는 아쉬움,
아쉬움의 보상은 성장이다.

Regret is the price for growth; growth is the reward for regret.

추억이 우리에게 가져다주는 풍경은 다채롭다. 어떤 풍경은 예쁜 수채화처럼 아련하고 보드랍다. 또 어떤 추억은 비 오는 날의 저녁 풍경처럼 스산하고 헛헛하다.

대만의 로맨스 영화 〈나의 소녀시대〉Our Times, 2015와 스튜디오 지브리의 초기작 〈추억은 방울방울〉Memories Of Teardrops, 1991은 추억의 이러한 두 가지 풍경을 모두 잘 담아낸 작품이다. 두 영화에서, 사회에 발을 내디딘 여자 주인공들은 지나간 소녀 시절을 회상하며 성장의 발자취를 더듬는다.

〈나의 소녀시대〉의 주인공 린전신은 주야장천 일에 파묻힌 커리어우먼이다. 그날이 그날 같은 일상 속에서 스트레스가 폭발 직전에 이르고, 이런 생활에 염증을 느낀다. 깊은 밤이 되면 그녀의 생각은 늘 십여 년 전, 아직 여고생이었을 때로 돌아간다. 이미 훌쩍 멀어진 그 소녀 시대는 린전신의 영혼이 유일하게 기댈 수 있는 시간이다.

〈추억은 방울방울〉의 타에코는 도쿄에서 자란 27살 직장인이다. 줄곧 시골의 삶을 동경해온 타에코는 열흘 동안 휴가를 내 형부의 사촌동생인 토시오의 시골집에서 휴가를 보내기로 한다. 기차에서 바라보는 풍경 속에 어린 시절의 기억이 새록새록 떠오르고, 서로 다른 시대의 두 타에코는 추억이 가득한 여행을 시작한다.

린전신과 타에코, 두 사람은 스스로 이미 다 컸다고 생각하지만 마음속에는 예전의 그 소녀가 여전히 살아서 자신을 돌아봐달라고 소곤대고 있었다. 진즉에 까맣게 잊은 줄 알았지만 실은 여전히 마음 쓰고 있던 일을, 마음 속 소녀는 해결하고자 한다.

삶에서 어떤 만남은 서둘러 끝을 맺지만, 오래도록 지속되는 여운을 남긴다

Some encounters in life are destined to end in a hurry,
but they always leave behind something that lasts

〈나의 소녀시대〉에서 고등학생 시절의 린전신은 지극히 평범한 소녀였다. 멋지고 공부도 잘하는 오우양을 짝사랑했지만 오우양은 학교의 퀸인 타오민민과 가까운 사이라 다가설 틈이 없다. 어느 날 린전신은 학교의 문제아 쉬타이위와 얽히게 되고, 쉬타이위가 마침 타오민민을 좋아한다는 사실을 알게 된다. 서로의 첫사랑을 밀어주기로 의기투합한 두 사람은 오우양과 타오민민을 갈라놓기 위한 작전에 나선다.

그렇게 린전신과 쉬타이위는 둘만의 계획을 성사시키기 위해 자주 어울리면서 미묘한 변화를 겪는다. 소심하던 린전신은 자신감이 생겼고 쉬타이위는 자신의 앞날을 진지하게 고민하기 시작한다. 서로를 더 깊이 이해할수록 두 사람은 각자 더 바람직한 모습으로 변화해간다. 애초의 작전과는 달리, 어느덧 서로에게 애틋한 감정이 싹트지만 상대방의 마음을 모른 채 미적대다가 오해까지 더해지면서 두 사람은 결국 허무하게 헤어진다.

세월은 살처럼 흘러 어느덧 린전신은 사회인이 되었다. 쉬타이위가 없는 삶에 익숙해졌지만 한순간도 그를 잊은 적이 없다. 마음속에 한구석에는 언제나 그를 위한 자리가 비워져 있다.

___

깊이 가라앉은 기억일수록
더 쉽게 떠오르는 법이다

The deeper the memory, the less you have to think to recall

〈추억은 방울방울〉에서 고대하던 시골 여행길에 오른 타에코는 문득 초등학교 5학년 때의 추억에 젖는다. 그 시절의 기억들은 아직도 선명하다. 처음 파인애플을 먹었던 일, 가족들과 온천 여행을 갔던 일처럼 소소한 기억부터 같은 학년 친구와의 풋사랑, 처음으로 받았던 고백 등 좀 더 깊숙한 기억들까지 타에코의 머릿속을 이리저리 맴돈다.

그중에서도 가장 마음에 걸리는 것은 5학년 때 전학 온 남학생 아베였다. 지저분한 데다가 입만 열면 거친 말을 해대는 통에 아베는 반의 골칫거리였다. 타에코도 속으로는 아베를 싫어했지만 겉으로는 애써 그렇지 않은 척했다. 그런데 아베는 다른 학교로 전학가게 되면서 같은 반 친구들과 악수를 나누다가 타에코에게 이렇게 모진 말을 던졌다.

"너랑은 악수 안 해!"

이미 잊은 줄로만 알았던 그 일은 생각지도 못하는 사이 불쑥 떠올라 한참 동안 머릿속을 어지럽힌다.

추억은 참 묘하다. 그 당시에는 대수롭지 않게 여겼던 일들이 시간이 한참 흐른 뒤에 예고도 없이 생생하게 고개를 든다. 어떤 계기로 마음속 깊은 곳을 건드리는 순간, 그 추억들이 살아 움직이는 것이다.

사실 이는 어떤 경고와도 같다. 먹고사는 데만 바빠 수많은 추억들이 태어나는 현재의 순간순간을 눈여겨보지 않는다면, 걸음을 멈춘 어느 날 생각보다 훨씬 많은 것을 놓쳤음을 알게 되리라는. 시간이 지나고 남는 것은 추억뿐이기 때문이다.

성장의 대가는 아쉬움, 아쉬움의 보상은 성장이다

Regret is the price for growth; growth is the reward for regret

타에코와 린전신의 어린 시절 한때는 눈부신 과거를 상징하는 동시에, 어떤 면에서는 마음속에 단단히 묶인 매듭이기도 하다. 이 매듭은 두 사람이 인생의 고비를 겪을 때마다 기다리기라도 한 듯 수면으로 떠오른다.

5학년 타에코는 인생에서 숱한 '처음'을 경험한다. 그중에서도 아베와의 개운치 않은 추억은 성장을 위해 지불한 일종의 수업료와도 같다. 어린 타에코는 착하고 마음 넓은 아이로 보이고 싶었다. 그래서 옆자리에 앉은 아베가 거슬리고 싫었지만 꾹 참고서 자리를 바꿔달라고 요청하지 않았다. 그러나 그런 위선적인 모습은 오히려 아베의 마음에 어두운 그림자를 남겼음을 알게 된다. 그 후로 타에코의 마음 언저리에는 늘 아베를 향한 양심의 가책이 자리하고 있었다.

린전신 역시 고등학생 시절의 기억 한 토막이 오래도록 아쉬움으로 남았다. 쉬타이위를 좋아하게 되었지만 망설이느라 마음을 표현하지 못했고, 결국 쉬타이위가 다른 사람과 이어지는 장면을 목격했다. 이때 겪은 감정은 원했든, 그렇지 않았든 린전신이 삶의 다음 단계로 나아가는 토대가 되었으리라.

성장하기 위해 우리는 반드시 변해야 한다. 이런 변화를 스스로 선택할 때도 있지만 많은 경우에는 어쩔 수 없이 떠밀리기도 한다. 어찌되었든 우리는 성장을 위해 서서히, 그리고 여러 번 대가를 지불한다. 그러고 나면 마치 어떤 징표처럼 아쉬움이 남는다. 아쉬움은 우리가 이미 변화를 받아들였다는, 또 한차례 성장했다는 일종의 선언이다.

─────

행복에는 용기가 필요하다.
사랑하고 싶은 사람을 사랑할 용기,
하고 싶은 일을 할 용기, 원하는 사람이 될 용기

True happiness requires courage; love who you want to love, do what you want to do, be the person who you want to be

타에코와 린전신이 소녀 시절을 떠올린 가장 큰 이유는 '어른'으로서의 삶이 위기에 봉착했기 때문이다. 마음과 어긋나는 삶을 살아가는 타에코의 모습은 어린 시절 시큼한 파인애플을 어쩔 수 없이 먹고, 현기증이 날 때까지 온천을 하고, 아베를 싫어하는 마음을 꼭꼭 억눌렀던 기억과도 겹쳐진다. 린전신도 마찬가지다. 직장생활도 연애도 위태롭지만 속마음을 용감하게 드러내지 못한다. 두 사람은 이 때문에 숨이 턱턱 막힌다.

어른으로 살아가기 위해서 두 사람은 싫어하는 일을 꾸역꾸역 하고, 스스로 싫어하는 사람이 점점 되어간다. 그러다가 혼자만의 시간에 지난날을 진지하게 돌아보고 나서야 인생의 전환점이 되었던 그 시절을 떠올리게 된 것이다.

"다시는 초등학교 5학년 때의 나와 함께 가지 않겠어."

타에코는 플랫폼에서 토시오와 헤어지면서 이런 말을 한다. 그리고 기차에 오른 뒤 퍼뜩 깨닫는다.

'나는 또 다시 마음을 거스르려 하고 있어. 지금 토시오를 좋아하고 시골에 남고 싶은 거잖아. 이 마음을 숨긴다면 5학년 때 아베를 기만했던 것과 똑같은 거야. 앞으로도 자신을 숨기고 내가 원치 않는 삶을 살 거야?'

자신의 소녀 시대를 돌아본 타에코와 린전신은 스스로를 더 잘 이해하게 되었으며 자신이 정말 원하는 것이 무엇인지를 분명히 알았다. 그리고 지금 이 순간 가장 필요한 용기를 얻는다.

마침내 타에코는 기차에서 뛰어내려, 왔던 길을 향해 내달리며 5학년 때의 자신에게 영영 작별을 고한다.

영화에서 읽는 '인생 한 컷'

그때 그 시절로 돌아가 그 순간의 결핍을 메우는 것은 사실 불가능한 일이다. 그러나 살면서 우리는 또 다른 기회를 만나게 된다. 새로운 상황에서 예전의 그 아쉬움을 다시 느끼는 순간이 불현듯 닥치기 때문이다. 그때가 바로 과거와 화해하고 결핍을 메울 순간이다.

영화의 시작 부분에서 타에코는 기차에 올라 시골로 향하면서 이런 생각을 한다.

'애벌레가 나비가 되려면 반드시 번데기 상태를 거쳐야 한다. 번데기 같은 거 조금도 되고 싶지 않다고 생각했는데……. 그 시절이 또렷이 기억난다는 건 또다시 번데기의 계절이 돌아왔기 때문인 걸까?'

5학년 때 타에코는 이미 번데기를 벗고 나비가 된 적이 있었다. 어른이 된 지금, 그녀는 사무실과 좁은 집에서 하루를 펼치고 접으며 건조한 나날을 살고 있다. 어쩌면 지금은, 또 다시 자신을 감싼 번데기 허물을 떨치고 날개를 펼치기 위해 끊임없이 애쓰는 시간이 아닐까?

열흘 동안 시골에서 지내면서 타에코는 어린 시절의 자신과, 겉과 속이 다른 성격 탓에 맺혔던 마음의 매듭을 돌아보게 된다. 그리고 도쿄로 돌아가는 기차 안에서 문득 깨닫는다.

'진정한 자신을 마주한다는 건 번데기에서 벗어나 나비가 되기 위한 다음 단계로 들어선 것과 같아. 그러니 날개를 펼치고 높이 날아오를 때가 되었다는 뜻이야.'

타에코는 미련 없이 기차에서 내려 새로운 삶을 향해 발을 내딛는다.

새로운 선택의 순간이 왔을 때, 우리가 할 수 있는 최선은 지난날의 과오를 되풀이하지 않도록 마음을 다잡는 것이다. 그 순간을 현명히 넘어서고 나면, 지난날의 아쉬움은 생각지도 못한 방식으로 이미 메워졌음을 알게 될 것이다. 마치 철학자 키에르케고르 Søren Kierkegaard가 남긴 말처럼 말이다.

"인생은 뒤를 돌아봐야만 이해할 수 있지만, 반드시 앞을 향해 살아야 한다(Life can only be understood backwards, but it must be lived forwards)."

✤ 함께 보면 좋은 영화

〈라이온 킹〉Lion King_1994
〈드레스메이커〉The Dressmaker_2015

CHAPTER 4

우정,
외딴 섬을 이어주는

진정한 친구만이 실의에 빠진 당신 곁에 머물며
슬픔을 나누려 한다.
그 친구 눈에는 단단한 껍데기 속에 감춰진
당신의 마음이 보이기 때문이다.

세상의 누구도
외딴 섬이 아니다

〈슈렉〉×〈어바웃 어 보이〉

친구는 나조차 깨닫지 못하는
내 마음속 공허함을 채워주는 존재다.

Friends always have a way to fill the emptiness
in our heart that we didn't even know existed.

인간관계에서 '우정'은 굉장히 중요하면서도 더없이 복잡하다. 말도 제대로 트이지 않은 아기 때부터 우리는 함께 놀고 어울릴 친구를 찾는다. 함께 성장할 친구, 그리고 어른이 되어서는 함께 꿈을 좇고 인생의 부침에 동반해줄 친구를 원한다.

그러나 진실한 우정을 얻기란 하늘의 별따기다. 진심을 바쳤음에도 돌아오는 것은 냉담한 반응뿐일 때도 있으며, '친구'라 부르던 사람에게 배신당하는 경우도 더러 생긴다. 이때 받은 상처를 해결하지 못하는 이들도 상당수다.

이들은 마음의 문을 굳게 걸어 닫고 다시는 빗장을 풀지 않으려 한다. 세상에 자신을 드러내고 선의의 반응을 갈구하는 것보다, 차라리 냉담함으로 포장하는 편이 훨씬 손쉽게 느껴지기 때문이다.

하지만 16세기 영국의 시인 존 돈John Donne은 이런 말을 남겼다. "세상의 누구도 외딴 섬이 아니다. 모든 사람은 대륙의 일부분이다 (No man is an island, entire to itself. Every man is a piece of the continent)."

동의하고 싶지 않을지도 모르지만, 당신을 이해하는 친구 몇 명이 함께해준다면 틀림없이 인생길이 훨씬 더 즐겁고 근사해질 것이다.

드림웍스DreamWorks의 간판 애니메이션이자 오스카상 역사상 첫 번째 '장편 애니메이션작품상'을 수상한 〈슈렉〉Shrek, 2001, 그리고 동명 소설을 각색한 영화 〈어바웃 어 보이〉About A Boy, 2002는 외로움에 익숙한 주인공과, 그들의 인생을 바꿔줄 멋진 친구들의 이야기다.

온갖 동화 속 주인공들이 우르르 등장하는 〈슈렉〉에서 덩치 큰 괴물 슈렉은 단연 이질적인 존재다. 생김새도 흉측한 데다 기이하고 비위생적인 생활습관을 고집하는 탓에 모두가 그를 꺼린다. 심지어 인간들은 슈렉이 눈도 깜짝 않고 사람을 죽이는 악마라고 생각한다. 남들의 따가운 시선을 받는 데 이골이 난 슈렉은 외진 늪지대에서 나름의 고독한 생활을 즐기며 홀로 살아간다.

한편 〈어바웃 어 보이〉의 주인공 윌은 허우대 멀쩡한 성인 남자다. 아버지가 물려준 유산 덕분에 하는 일 없이 한량으로 살아간다. 아무것도 책임질 필요 없고 미래를 고민할 필요도 없는 자유로운 삶을 유감없이 즐기는 윌은 그야말로 '어른아이'라 할 만하다.

어느 날, 윌은 외로운 싱글맘들을 부담 없이 사귈 속셈으로 혼자 아이를 키우는 부모들의 모임에 참석한다.

책임이란 더 이상 당신 혼자만을 위한 결정을 내리지 않는 것이다

Responsibility is when you stop making decisions for your own sake

싱글맘 수지를 유혹하던 윌은 수지의 친구 아들인 마커스를 만나게 된다. 열두 살 마커스는 윌과 달리 고단한 삶을 살고 있다. 하나뿐인 가족인 엄마는 오랫동안 우울증에 시달리고 있으며, 학교에서는 왕따를 당한다. 하지만 마커스는 하루하루를 꿋꿋하게 이겨내며 엄마를 보살핀다. 영리한 마커스는 싱글맘을 꾀려는 윌의 속셈을 간파하고 이를 빌미 삼아 윌의 집을 제집처럼 드나들기 시작한다.

처음에 윌은 막무가내로 들러붙는 마커스를 보며 난감해한다. 하지만 만남을 거듭할수록 마커스의 성숙하고 속 깊은 모습에 마음이 움직인다. 마커스에게 '멋진 남자가 되는 법'을 가르쳐주던 윌은 어느 순간부터 거꾸로 마커스에게서 삶의 자세를 배워나간다. 그중에도 윌의 마음에 가장 깊이 다가온 것은 바로 '책임'과 '사랑'의 상관관계다. 줄곧 자신만의 세계 속에서 살아왔던 윌은 마커스를 받아들인 뒤로 이 소년의 일거수일투족에 신경이 쓰이기 시작한다. 이 감정은 낯설지만, 이전에는 한 번도 느껴본 적 없는 즐거움과 위안을 선사한다.

한 사람의 삶에 책임져야 할 대상이 생겼다는 것은 곧 근심거리가 생겼다는 뜻이다. 하지만 다른 한편으로는 더 힘껏 노력할 목표가 생겼다는 의미이기도 하다. 이 책임을 용감하게 짊어지는 순간, 우리는 더 성숙한 인간으로 발돋움하게 된다.

<hr />

친구는 나조차 깨닫지 못하는
내 마음속 공허함을 채워주는 존재다

Friends always have a way to fill the emptiness in our heart that we didn't
even know existed

홀로 살아가는 슈렉에게는 세상과 단절된 늪지대가 보금자리다. 비록 다른 이들 눈에는 끔찍하고 너저분해 보일지라도 슈렉에게는 더없이 편안한 공간이다. 그런데 어느 날, 영주에게 쫓겨나 그의 늪으로 숨어든 동화 속 주인공들 때문에 슈렉은 골머리를 앓게 된다. 슈렉은 평온한 일상을 되찾기 위해 영주의 명을 받아들여 사악한 용에게 붙잡힌 공주를 구하러 가기로 한다. 그런 슈렉의 유일한 동료는, 아무리 떼어내려 해도 절대로 떨어지지 않는데다 쉬지 않고 떠들어대는 수다쟁이 당나귀 동키다.

사람들은 늘 슈렉을 흉악한 괴물로 오해했다. 하지만 동키는 달랐다. 슈렉을 두려워하기는커녕 자신과 말 섞기를 꺼려하지 않는 보기 드문 친구라고 여긴다. 함께 공주를 구하러 가는 길에 걸 핏하면 말다툼을 벌이고 요절복통할 해프닝을 일으키면서도, 슈 렉은 처음으로 친구라는 존재에게서 포근한 온기를 느낀다. 이렇 게 슈렉과 동키는 수많은 난관을 헤치고 공주를 구해내며, 동키 가 용기를 북돋아준 덕분에 슈렉과 공주는 사랑을 확인하고 부부 가 된다.

곁에 있는 이들과 함께하는 법을 모를 수도 있다. 그럴지라도 당신에겐 그들이 필요하다

Just because you don't know how to get along with those around you, doesn't mean you don't need them around

영화가 끝날 때쯤 슈렉과 윌 모두 자신을 이해해주는 '절친'을 얻 게 되지만 그 과정은 실로 험난했다. 나사가 하나 빠진 것 같은 동 키는 쉴 새 없이 수다를 떨어댔고 집요한 사춘기 소년 마커스는 윌의 모든 것을 알고 싶어 했다.

　슈렉과 윌로서는 느닷없이 자신의 세상에 뚝 떨어진 이 '친구' 들이 곤혹스러운 것도 당연한 일이리라. 동키와 마커스는 슈렉과 윌의 평온한 일상을 뒤죽박죽으로 흔들었고 허락 없이 은밀한 공 간을 파고들었다. 두 괴짜 친구들에게 무신경한 구석이 있는 것은 분명한 사실이다. 하지만 슈렉과 윌이 둘에게 적응하기 힘들었던 진짜 이유는 따로 있다. 처음으로 눈을 반짝이며 적극적으로 다가오는 상대방을 어떻게 대해야 할지 몰랐기 때문이다.

사람에게는 누구나 익숙한 삶의 방식이 있다. 익숙하기 때문에 바꿔야 할 필요성을 느끼지 못할 때가 많고, 그래서 때로는 그 어떤 변화도 완강히 거부하곤 한다. 그러나 익숙한 것이 꼭 가장 좋은 것은 아니다. 때로는 이상하고 낯선 친구에게 마음 한 자락을 내어줄 때, 자신이 그동안 우정에 얼마나 목말랐는지를 새삼 깨닫게 될 것이다.

___

때로는 완고한 마음만이
또 다른 완고한 마음을 열어젖힐 수 있다
Sometimes it takes one stubborn heart to crack another

〈슈렉〉을 먼저 본 다음 〈어바웃 어 보이〉를 접한 나는 마커스가 윌에게 '들러붙는' 순간, 곧바로 동키를 떠올렸다. 두 캐릭터는 모두 아주 솔직하고 적극적이다. 그리고 무척이나 사랑스러운 공통점이 또 한 가지 있으니, 바로 말도 못하게 얼굴이 두껍다는 점이다.

슈렉과 윌은 둘 다 참을성이 강한 편이 아니라서 동키와 마커스에게 수시로 귀찮은 내색을 하고 면박을 주기도 한다. 하지만 두 친구는 슈렉과 윌이 결코 나쁜 사람이 아니며, 자신들에게 하는 모진 말도 악의로 내뱉는 것이 아님을 눈치챘다. 그래서 고집스럽고도 끈질기게 슈렉과 윌의 굳게 닫힌 마음 문을 두드려댄다. 마침내 슈렉과 윌은 스스로 외로움을 즐기지 않는 사람임을 인정하며, 마음의 빗장을 해제한다. 물론 두 괴짜 친구는 진즉부터 문밖에 선 채 두 팔을 활짝 펼치고 그들을 껴안을 준비를 하고 있다.

윌은 영화의 끝부분에서 이렇게 말한다.

"나는 여전히 모든 사람은 외로운 섬이라고 믿는다. 하지만 어떤 사람들은 마치 군도처럼, 수면 아래서 서로 단단히 이어져 있다."

영화에서 읽는 '인생 한 컷'

한번 생각해보라. 당신에게는 끈덕지게 관심을 보이는 동키와 마커스가 몇이
나 되는가?

뒤집어 생각하면 동키와 마커스 역시 무척 외롭고 쓸쓸한 존재들이다. 어쩌면
사람들은 동키와 마커스의 모습 중에서 특이한 부분에만 방점을 찍어 그들이
진실한 자아를 내보일 기회를 주지 않았을지도 모른다. 그러나 적어도 그 둘
에게는 자신과 타인을 진정으로 마주할 용기가 있었다.

나이 들수록 진심을 나눌 '지기_{知己}'가 점점 줄어드는 이유는, 우리 안의 동키
와 마커스가 점점 사라지기 때문은 아닐까?

새로운 대상에게 무한한 관심과 호의를 퍼붓는 아이들과 달리, 어른들은 끈덕
지게 타인을 이해하고자 하는 인내심을 굳이 발휘하지 않는다. 진정한 자신을
표현할 원동력과 용기도 어느 순간 사그라든다. 그래서 우리는 SNS에 신상
에 관한 이야기를 시시콜콜 올리고, 타인이 내보이는 일부 이미지를 인스턴트
음식처럼 통째로 꿀꺽 삼킨다.

우리 자신과 타인의 겹겹이 포개진 마음들을 정성스레 열어젖히는 방법을 잊
는다면, 결코 서로의 마음을 진실하게 이을 수 없을 것이다.

⊕ 함께 보면 좋은 영화

〈레고 배트맨 무비〉The Lego Batman Movie_2017
〈갓 헬프 더 걸〉God Help the Girl_2014

'좋은 친구'는 흔해도
'믿는 친구'는 드문 이유

〈빅 히어로〉×〈인턴〉

강한 외면은 모두의 눈에 보이지만,
연약한 내면은 나를 아는 사람만이 이해할 수 있다.

Everyone can see your strength from the outside,
but only those who know you can understand the pain underneath.

언제부턴가 우리 사회에서 '친구'라는 단어의 의미가 한층 유연해진 듯하다. 잘 아는 사이가 아니더라도 뭔가 접점이 있고, 나에게 호감을 가진 사람이라면 '친구'라는 타이틀을 선뜻 내준다. 특히 SNS가 발달하면서 그런 경향이 가속화되었다. 얼굴 한 번 본 적 없는 사람, 두 번 다시 만날 일이 없는 수많은 사람들이 온라인상에서 '친구'라는 이름을 얻는다. 심지어 내가 올린 글의 클릭 수로 우정의 깊이를 가늠하는 경우도 있다.

이것을 과연 우정이라 부를 수 있을까?

철학자 아리스토텔레스Aristotle는 '우정'을 다음 세 가지 유형으로 나누었다.

1. 효용성을 지향하는 우정(Friendship of Utility)
2. 즐거움을 지향하는 우정(Friendship of Pleasure)
3. 덕을 지향하는 우정(Friendship of the Good)

아리스토텔레스의 정의에 따른다면, 일부 가상세계 속 우정은 기껏해야 첫 번째 유형에 국한된다. 이런 친구들은 그저 나의 인기를 가늠하는 척도일 뿐이다. 이와 달리 더 깊은 감정을 나누고 함께 있음으로 즐거워지는 친구는 두 번째 유형에 속한다. 필요에 의해서가 아닌, 그저 서로 함께할 때 즐겁기 때문에 어울리는 대상이다.

한편 인생에서 '지기'라고 부를 수 있는 소수의 사람은 나를 일깨워주는 존재다. 진심으로 나에게 관심을 기울일 뿐만 아니라 내가 본심을 잊지 않도록 알맞은 때에 깨우쳐준다. 각자의 장점으로 상대에게 유익한 영향을 미치며, 서로를 더 나은 사람으로 이끈다.

디즈니 애니메이션 〈빅 히어로〉Big Hero 6, 2014와 영화 〈인턴〉The Intern, 2015은 그런 '지기'에 관한 이야기다.

───

진정으로 당신을 사랑하는 사람은, 어떻게든 당신 곁에 머물 방법을 찾아낼 것이다

When someone truly loves you,
they will always find a way to stay by your side

〈빅 히어로〉의 테디와 히로 형제는 발명 천재다. 그런데 형 테디가 학교 교수님을 구하기 위해 화재 현장에 뛰어들었다가 그만 목숨을 잃고 만다. 한동안 히로는 형이 떠났다는 사실을 받아들이지 못하지만 테디가 남긴 힐링 로봇 베이맥스 덕분에 차츰 마음의 그늘에서 벗어난다. 그리고 한동안 잊고 있던 사건에 눈을 돌린다. 바로 형이 사고를 당하던 날, 감쪽같이 도둑맞은 자신의 발명품 '마이크로봇'을 추적하는 일이다. 사건의 진상을 파헤치기 위해 히로와 형의 친구들은 베이맥스를 포함하여 '빅 히어로 6' 팀을 결성한다.

영화에서 직접적으로 비유하지는 않았지만 테디가 설계한 베이맥스는 정신적으로나 실체적으로 테디를 대신하는 존재다. 베이맥스의 '힐링' 기능은 형을 잃은 히로의 아픔을 치유하기 위해 설계된 것만 같다. 틈만 나면 히로를 위로해주고 초심을 잃지 않도록 일깨워주며, 정확한 결정을 내리도록 이끌어준다.

우리는 인생길에서 수많은 사람을 만난다. 그중에는 당신 곁에 잠시 동안만 머무르는 사람도 있고 평생 함께하는 사람도 있다. 인생의 끝자락까지 함께하길 원했으나 어쩔 수 없이 이별한 이들은, 잊지 못할 추억과 동시에 깊은 허망함을 남긴다. 상실감을 이기고 나면 우리는 어느 순간 깨닫는다. 진심으로 사랑했던 사람은 어떤 방법으로든 우리 삶에, 그리고 마음에 흔적을 남긴다는 것을. 테디 역시 다시는 히로를 안아줄 수 없지만, 베이맥스의 모습으로 영원히 히로 곁에 머문다.

강한 외면은 모두의 눈에 보이지만,
연약한 내면은 나를 아는 사람만이 이해할 수 있다

Everyone can see your strength from the outside,
but only those who know you can understand the pain underneath

〈인턴〉의 주인공은 40년 동안 한 직장에서 일하며 부사장까지 지낸 일흔 살 노인 벤이다. 은퇴한 벤은 아내와 사별한 뒤로 더욱 공허함을 느낀다. 무료하고 적적한 일상에서 벗어나기 위해 그는 일터로 다시 돌아가 인턴 생활을 시작하기로 결심한다.

벤이 인턴으로 입사한 회사의 CEO는, 줄스라는 젊은 여성이다. 처음에 그녀는 나이 지긋한 부하직원을 어떻게 대해야 할지 몰라 어색해한다. 하지만 함께 보내는 시간이 늘어나면서 줄스는 벤이 침착하고 적극적인 성격에 예리한 관찰력의 소유자임을 알아챈다. 벤 역시 줄스의 내면을 이해하게 된다. 남들은 모두 그녀를 슈퍼우먼으로 생각하지만, 벤의 눈에는 성공한 젊은 여성으로서 줄스가 감당해야 하는 스트레스와 부담이 보인다. 단기간 동안 급성장을 이루기 위해 많은 것을 희생해야 했던 줄스는 사실 지금 많이 지쳐 있다. 벤은 이를 간파하고 그녀가 가장 필요로 하는 위로를 건넨다.

성공이나 기쁨은 누구와도 손쉽게 나눌 수 있다. 하지만 예기치 못한 실의에 빠졌을 때 당신 곁에 머물며 슬픔과 눈물을 나누는 이들은 오직 '친구'라 부르는 사람뿐이다. 친구의 눈에는 단단한 겉껍데기 속에 감춰진 당신의 마음이 보이기 때문이다.

당신이 나를 필요로 할 때면 여기 있을 것이다. 당신이 나를 필요로 하지 않는다 해도 떠나지 않을 것이다. 그것이 진정한 사귐이므로

True companionship means if you need me,
I'll be here; if you don't, I won't leave either

영화 속에서 베이맥스와 벤이 맡은 역할은 누군가를 보조하는 힐링 로봇과 개인 비서다. 베이맥스는 보통 히로가 다치거나 명령을 내렸을 때만 반응을 보이고, 벤도 비서의 소임을 다하며 사장의 지시가 없는 한 대부분의 시간을 대기 상태로 보낸다. 두 사람은 언제나 맡은 임무를 완수하며 히로와 줄스를 도와 문제를 해결한다. 히로와 줄스는 두 사람을 부하가 아닌 진정한 친구로 여기지만, 베이맥스와 벤이 직접 먼저 나서는 경우는 거의 없다.

친구 사이에서 이는 상당히 중요한 문제다. 많은 이들이, 남들의 문제에 자신이 최선의 답을 알고 있다고 믿는다. 그래서 친구에게 필요한 것이 의견인지, 위로인지, 혹은 그저 이야기를 들어주는 것인지 살피지도 않은 채 무작정 나서서 자신의 생각을 강요하곤 한다. 설령 호의에서 비롯되었다 할지라도 이런 행동은 상처가 된다.

친구가 언제나 곁에서 든든한 버팀목이 되어줄 것이며, 언제라도 도움의 손을 내밀 준비가 되어 있다는 것. 대부분의 경우에는, 이 사실을 알려주는 것만으로도 충분하다.

진정한 친구는 '당신이 무엇을 기뻐할까' 보다 '당신에게 무엇이 중요한가' 를 마음 쓴다

Real friends care about what truly matters to you, not what pleases you

베이맥스와 벤은 앞서서 나서지 않지만, 한편으로는 자신의 입장을 꿋꿋이 견지한다는 점에서 서로 닮았다. 이들은 히로와 줄스가 길을 잃고 헤맬 때, 그들 자신이 누군지 잊지 않도록 일깨워주고 정확한 결정을 내리도록 돕는다. '진정한 친구'란 바로 이런 모습이 아닐까.

히로는 형을 죽인 살인범이 놀랍게도 자신이 가장 흠모하는 교수였음을 알았을 때 극도의 분노에 휩싸인다. 증오심에 이성을 잃은 히로는 오로지 형의 복수를 할 생각에 사로잡혀 힐링 로봇으로 개발된 베이맥스를 가공할 살상력을 지닌 병기로 전환시킨다. 다행히 긴박한 마지막 순간에 제지당한 덕분에 그는 평생 후회할 짓을 벌이지 않게 된다. 처음에 히로는 복수할 수 없다는 사실을 도저히 수긍하지 못했으나, 베이맥스가 보여준 영상을 보고는 마음을 돌린다. 형 테디가 죽기 전 남긴 영상 속에는 베이맥스를 힘들게 만든 과정과, 그 이유가 분명히 나타나 있었다. 도움이 필요한 사람을 보살피기 위해 베이맥스라는 선물을 형이 남겼음을 히로는 비로소 이해한다.

〈인턴〉 속 벤은 줄곧 제삼자의 입장에서 줄스를 가만히 관찰하면서 이 회사가 성공한 것은 줄스가 그 누구도 대체할 수 없는 뜨거운 열정으로 일에만 전념한 덕분임을 확인한다. 그래서 줄스가 바람난 남편의 마음을 돌리기 위해 회사의 주도권을 내놓으려 할 때, 벤은 드물게 반대 의견을 내놓는다. 그 후로도 벤의 통찰 덕분에 줄스는 자신의 사업을 가정의 행복과 맞바꾸는 패로 삼아서는 안 된다는 것을 깨닫고, 계속해서 나아가기로 결심한다.

사실 '사랑'을 받기는 어렵지 않다. 동의하고, 인정하고, 칭찬해주면 대부분 경우 상대방은 만족한다. 하지만 '신뢰'를 얻기는 훨씬 어렵다. 남들이 동의하고 인정하고 칭찬하는 것들이 진실이 아니라면 정확히 말해주고, 그 후에 밀려오는 낙담과 원망까지도 감당해야 하기 때문이다. 그리고 그것이 바로 '우정'의 의미이자 이유일 것이다.

영화에서 읽는 '인생 한 컷'

사실 현실에서는 아리스토텔레스가 말한 세 종류의 우정을 칼로 무 자르듯 명확히 구분하기 힘들다. 업무상 파트너나 직장동료처럼, 처음에는 효용성 때문에 만난 사이라도 함께 즐거운 시간을 보내고 신뢰가 쌓이면 가까운 친구가 될 수 있다.

거꾸로 학창시절 어떤 이야기든 숨김없이 나누던 절친한 친구가 졸업 후에 삶의 궤적이 달라지고 공통의 관심사가 줄어들면서 점차 멀어질 수도 있다.

가장 이상적인 우정은, 연락이 뜸하더라도 서로에 대한 관심과 애정이 변치 않으며 시간이 지난 후 다시 만나도 순수하고 즐거웠던 그때 그 시절로 돌아갈 수 있는 사이다.

살다 보면 다양한 형태의 우정이 우리를 찾아오고, 또 떠나기도 한다. 우리가 할 수 있는 최선은 그저 그들과 함께하는 모든 시간을 소중히 여기는 것이다.

⊕ 함께 보면 좋은 영화

〈마다가스카〉Madagascar_2005
〈터치 오브 라이트〉Touch of the Light_2012

우정은 똑같은 것이 아니라 평등한 것

〈줄무늬 파자마를 입은 소년〉×〈폭풍우 치는 밤에〉

한 번도 가보지 않은 길을 기꺼이 손잡고 가는 것.
그것이 우정이다.

Friendship is the willingness to go hand in hand on a road
you have never been to.

가족을 선택할 수 없는 것과 달리, 친구는 다양한 상황 속에서 스스로 선택할 수 있다. 친구가 된 사람끼리는 보통 공통분모가 있게 마련이다. 학창 시절에는 같은 동네에 살거나 같은 학교에 다니는 친구가 대부분이고, 어른이 되어서는 취미가 비슷하거나 같은 집단에 소속된 사람들과 가까워진다. '유유상종'이라는 말도 있듯이 사람은 원래 비슷한 부류에 더 끌리는 법이다.

그런데 어린아이의 세계에서 우정은 훨씬 단순하다. 외부의 어떤 조건이 일치하느냐는 아이들에게 중요치 않다. 작은 공 하나를 함께 주고받을 수 있다면, 시시한 농담 한마디로 함께 웃을 수 있다면 그것으로 족하다. 어제는 몰랐던 친구와 오늘 '절친'이 될 수 있고, 오늘 하루 신나게 놀고 다시 만나지 못하더라도 '정말 좋은 친구'로 기억해준다.

영화 〈줄무늬 파자마를 입은 소년〉The Boy in the Striped Pajamas, 2008 과 〈폭풍우 치는 밤에〉One Stormy Night, 2012에 등장하는 친구들의 우정이 바로 그렇다. 판이하게 다른 것을 넘어, 서로 적대적인 관계에 놓여 있지만 이 아이들은 가장 고귀한 우정을 보여준다.

〈줄무늬 파자마를 입은 소년〉은 제2차 세계대전 당시 독일을 배경으로 한다. 열두 살 브루노는 나치 장교인 아버지가 새로운 부임지로 발령받으면서 시골로 오게 된다. 어느 날 브루노는 집 근처에서 철조망으로 둘러싸인 캠프를 발견하는데 그 안에 있는 사람들은 모두 회색과 흰색이 교차하는 줄무늬 파자마를 입고 있다. 그곳이 유대인 수용소라는 사실을 모르는 브루노는 캠프 안에 사는 슈무엘이라는 이름의 동갑내기 유대인 아이와 금세 친구가 된다.

〈폭풍우 치는 밤에〉의 주인공은 온화하고 선량한 염소 메이다. 메이는 폭풍우가 치는 밤에 어두컴컴한 오두막에서 비를 피하다가 자신을 가부라고 소개하는 어떤 동물을 만나게 된다. 처음 만난 사이지만 순식간에 마음을 터놓은 두 친구는 다음날 함께 나들이를 가기로 약속한다. 그런데 약속 날 나타난 가부를 보고 메이는 충격을 받는다. 가부는 다름 아니라, 염소의 천적 늑대였던 것이다. 누가 보더라도 결코 친구가 될 수 없을 것 같은 메이와 가부는 남몰래 우정을 쌓기 시작한다.

우정의 천칭 위에서 서로는 평등하다

On the scale of true friendship, we are all equal

브루노는 행복한 가정에서 자랐다. 아버지는 군에서 두터운 신임을 받고 있으며 어머니와 누나는 자애롭고 온화하다. 아무런 걱정 없이 세상을 마음껏 탐색하던 브루노는 온 가족이 시골로 이사를 하는 바람에 친구들과 헤어지는 것이 못내 섭섭하다. 그래서 가족들 몰래 집 근처를 탐험하기 시작한다.

어느 날 브루노는 아버지가 관리하는 '농장' 근처에 갔다가 울타리 너머에 또래로 보이는 남자아이 슈무엘이 덩그러니 앉아 있는 것을 보게 된다. 천진한 브루노는 울타리 너머의 사람들이 소위 말하는 '극악무도한 유대인'이라고는 꿈에도 생각지 못한다. 아이의 눈에는 그들이 입고 있는 수의마저 재미있는 놀이를 위해 입은 파자마로 보인다. 호기심이 동한 두 아이는 이야기를 나누기 시작하고 서서히 교감을 쌓으며 좋은 친구가 된다.

두 아이가 모르는 진실을 알고 있는 관객들은 영화를 보는 내내 가슴이 먹먹해진다. 서로 증오하는 무리에 속한 두 아이들. 브루노와 슈무엘을 갈라놓는 것은 비단 눈앞의 울타리만이 아니었다. 오랜 세월 쌓인 질시와 살육의 역사가 두 아이 사이에는 흐르고 있었다. 하지만 아이들에게 상대방은 그저 서로 참 닮은, 말이 잘 통하는 친구일 뿐이다.

한 번도 가보지 않은 길을 기꺼이 손잡고 가는 것, 그것이 우정이다

Friendship is the willingness to go hand in hand on a road
you have never been to

서로의 얼굴을 확인한 순간, 메이와 가부는 심장이 덜컹 내려앉을 만큼 놀란다. 하지만 어렵사리 맺은 이 우정이 너무도 소중했기에 서로가 먹고 먹히는 관계라는 것을 잊기로 한다. 냉혹한 현실은 천진한 둘의 생각을 비웃는다. 메이와 가부가 친구가 되었다는 소문은 금세 동물들 사이에 퍼져나가고, 둘은 자기 무리에서 따돌림을 당하게 된다.

염소들은 메이가 늑대들을 은신처로 불러들일까 봐, 늑대들은 가부가 사냥 계획을 미리 누설할까 봐 걱정이다. 심지어 각 진영에서는 메이와 가부에게 스파이 노릇을 강요하기도 한다. 더는 이 무리 속에서 살아갈 수 없다고 판단한 둘은 전설 속 천국인 '에메랄드 숲'을 찾아 함께 떠난다.

우리는 생존을 위해 자신이 속한 무리의 일원으로 인정받고자 한다. 그래서 때로는 내 생각과 다르더라도 다수의 뜻을 따르며, 어떻게든 배척당하지 않으려 애쓴다. 언젠가 더 이상 무리를 위해 무언가를 할 수 없는 날이 오면, 그 사람들과의 관계도 수명을 다하는 경우가 흔하다.

하지만 우정의 관계는 다르다. 진정한 친구 사이에 '무엇을 줄 수 있느냐'는 중요치 않기 때문이다. 한 번도 가보지 않은 길을 기꺼이 손잡고 가는 것, 서로를 위해 나의 공간과 안위를 포기할 수 있는 것. 그것이 우정이다.

친구는 다투되 서로 이해하는 사람들이다
Friends are people who argue and understand each other

이 두 쌍의 친구들이 쌓은 우정은 무척 감동적이지만 그들 사이에 언제나 햇빛 찬란한 날들만 있었던 것은 아니다.

메이와 가부가 처음 나들이를 가기로 약속한 날, 가부는 실수로 도시락을 잃어버린다. 뱃속에서는 꼬르륵 소리가 요동치는데 앞서 가는 메이의 토실토실한 엉덩이를 보고 있자니 마치 군침 도는 양갈비가 인사를 건네는 것만 같다. 하지만 금세 이성을 되찾은 가부는 친구를 잡아먹을 생각을 했다는 사실에 부끄러움을 느낀다. 그리고 뒤이어 위급한 상황이 닥치자 메이가 도망칠 수 있도록 자신을 희생한다.

슈무엘과 브루노의 우정도 한차례 시련을 겪는다. 처음에는 슈무엘이 누군지 몰랐던 브루노도 시간이 흐르면서 자신의 친구가 수감된 유대인이라는 사실을 알게 된다. 어느 날, 슈무엘은 청소를 도우라는 지시로 브루노의 집에 불려온다. 브루노는 선의로 빵을 건네는데 그 장면을 그만 아버지의 부하에게 들키고 만다. 혼날까 봐 두려웠던 브루노는 친구를 배신하고 슈무엘이 빵을 훔쳐 먹었다고 거짓말을 한다. 그 바람에 슈무엘은 호된 매질을 당한다.

하지만 슈무엘은 브루노가 두려움 때문에 자신을 배신했다는 것을 이해한다. 그래서 나중에 브루노가 사과하자, 친구가 더는 죄책감에 시달리지 않도록 사과를 받아들인다. 메이 역시 가부의 진심을 이해했다. 육식동물로 태어난 가부가 속으로 얼마나 치열하게 본능과 싸우고 있는지를 알았기에 친구를 더욱 신뢰하고 존중한다.

좋은 친구란 서로 다투지 않는 사이를 말하지 않는다. 그보다는, 갈등이나 난관을 겪고도 서로의 고충을 이해하려 노력하고 용서하는 사이다.

남들이 당신을 어떻게 보든,
진정한 친구의 태도는 달라지지 않는다

How others see you will never change how a true friend treats you

두 편의 영화는 한 가지 사실을 강조한다. 바로 진정한 우정은 외부의 조건이나 압력에 쉽게 흔들리지 않는다는 것이다.

양들에게 메이는 늑대를 무리 속으로 끌어들인 위험인물이고, 늑대들에게 가부는 괜히 설레발을 쳐서 먹잇감을 쫓아버린 배신자였다. 나치에게 슈무엘은 가축만도 못한 대상이고, 유대인에게 브루노는 미래의 살인마일 뿐이다.

그러나 두 쌍의 주인공들에게 서로는 세상에 둘도 없는 좋은 친구다. 진정한 친구 사이라면, 남들의 시선이나 생각은 서로를 향한 태도를 결코 바꿀 수 없다.

⊕ 함께 보면 좋은 영화

〈언터처블 : 1%의 우정〉Intouchables_2011
〈릴로와 스티치〉Lilo & Stitch_2002

꼬리표를 떼면
그 사람의 진짜 모습이 보인다

〈주토피아〉×〈조찬 클럽〉

누군가에게 꼬리표를 붙이려거든,
가장 중요한 것은 보이지 않는 곳에 있음을 기억하라.

Next time before you label someone,
remember what matters the most is the person underneath.

고등학교 시절 외국에서 유학 생활을 하면서 알게 된 사실이 하나 있다. 친구들이 자신의 근간을 이루는 문화나 국적에 따라 무리를 지으며, 더 흥미로운 사실은 자신도 모르게 다른 무리에 꼬리표를 붙인다는 것이다. 대개는 낡은 고정관념에서 비롯된 꼬리표였다. 중국인 친구들은 시험에 강하다는 소리를 지겹도록 들었고, 아프리카 출신 친구들은 하나같이 스포츠 영웅 취급을 받았다.

안타깝게도 어떤 무리들은 서로 서먹했고, 다른 무리와는 선을 긋고서 잘 어울리지 않으려 하는 아이들도 있었다. 학생들이 이런 꼬리표를 계속 고집한다면 아마도 훗날 편견과 차별의식을 가진 어른으로 성장하게 되리라.

디즈니 애니메이션 〈주토피아〉Zootopia, 2016와 고전 영화 〈조찬 클럽〉The Breakfast Club, 1985은 이런 현실을 우회적으로 지적한다.

〈주토피아〉는 동물들의 유토피아다. 온갖 동물들이 저마다의 습성에 따라 사막 지역인 사하라스퀘어, 열대우림 지역인 레인포레스트 디스트릭트, 냉대기후 지역인 툰드라타운, 소형설치류 서식 지역인 리틀 로덴샤 등 서로 다른 생태 환경에서 살아간다. 비록 포식자와 피식자 사이에 평화롭게 공존한다는 묵계를 맺었으나 각각의 동물 중에게 단단히 씌워진 고정관념은 주토피아 주민들의 마음속에서 틈만 나면 슬그머니 고개를 든다.

〈조찬 클럽〉은 1984년의 어느 토요일 아침 7시, 다섯 명의 고등학생이 저마다 저지른 교칙 위반 때문에 학교 도서관에 모이면서 벌어지는 사건을 중심으로 한다. 토요일에 등교하라는 벌을 받은 다섯 명은 공통점이라고는 도무지 찾을 수 없는 아이들이다. 사고뭉치 존, 공주병에 걸린 클레어, 유능한 스포츠 선수 앤드류, 비상한 두뇌를 가진 책벌레 브라이언, 그리고 괴팍한 성격에 특이한 외모를 한 앨리슨은 평소에 서로 어울린 적이 없었다. 그런 아이들이 하루 종일 한 공간에 갇혀 있어야 하다니 한숨이 절로 나올 일이었다.

홀로 싸우려 하지 말고 더불어 강해지라
Don't fight alone, be strong together

빠릿빠릿하고 의욕에 넘치는 토끼 경찰관 주디와 영리한 머리로 돈 벌 궁리만 하는 사기꾼 여우 닉. 전혀 어울리지 않는 이 커플이 영화 〈주토피아〉의 주인공이다. 세상 물정에 밝은 닉이 보기에 주디는 주제 파악 못하는 철부지다. 작고 약한 초식동물 주제에 위험한 사건 수사에 뛰어들고 싶어 하기 때문이다. 마찬가지로 주디가 보기에 닉은 이기적이고 인색한 데다가, 속을 알 수 없는 음흉한 동물이다.

주디와 닉은 실종 사건을 함께 조사하며 여러 가지 난관을 함께 헤쳐나가는데, 그 과정에서 서로를 다시 보게 된다. 여기서 닉은 그동안 아무에게도 보여주지 않았던 속마음을 주디에게 열어 보인다. 어렸을 때 친절하고 상냥한 아이였던 닉은 '흉악한 포식자 여우'라는 편견 때문에 친구들에게 따돌림을 당한다. 그 후로 닉은 더 강해져서 결코 남들 앞에 약한 모습을 보이지 않으리라 스스로 맹세했다. 냉소적이고 뾰족한 현재의 모습은 그렇게 만들어 낸 갑옷인 셈이었다.

주디의 관심과 이해는 닉을 서서히 변화시킨다. 어렵사리 찾아든 행복을 그러안으려, 닉은 오랜 세월 걸치고 있던 무장을 내려놓는다. 그렇게 맨몸으로 세상 속에 서게 되지만, 진심이 실어준 힘으로 인해 닉은 이전보다 훨씬 더 강해졌다.

마음의 상처를 입은 아이들을 가장 힘들게 하는 것은 아픔 자체가 아니다. 그런 아픔이 생기지 않도록 스스로 막을 힘이 없었다는 사실이다. 그래서 다시는 그런 고통을 겪지 않도록 어서 자라기를 간절히 바란다. 그리고 강해지기 위해서, 진짜 자신을 감추기 위한 가면을 쓰기도 한다. 날카로움과 차가움만이 힘이 아님을 알지 못하기 때문이다.

___

서로의 차이에서 시선을 돌리면 공통점이 눈에 들어온다

Stop focusing on your differences and
you will start seeing what you have in common

〈조찬 클럽〉에서 본의 아니게 한 공간에 머물게 된 다섯 아이들은 확연이 다른 개성 탓에 처음에는 적잖이 부딪친다. 그러나 함께 시간을 보내면서 서로를 알아가고 서서히 경계심도 풀어진다. 그리고 어느 순간 각자 마음속에 감춰둔 비밀을 하나둘 꺼내기 시작한다. 겉으로 봐서는 비슷한 점이라고는 없었는데, 아이들은 생각보다 많은 공통점을 가지고 있었다.

아이들을 가장 힘들게 하는 고민은 모두 부모에게서 비롯된 것이었다. 앨리슨의 괴팍한 성격은 부모님의 무관심이 원인이었다. 클레어의 부모는 부부싸움을 할 때마다 클레어를 무기로 삼았다. 존이 분노와 증오심에 불타는 까닭은 어려서부터 부모에게 가정폭력을 당했기 때문이다. 레슬링 선수 앤드류는 승부에만 집착하는 아버지에게 절망감을 느꼈고, 브라이언은 모든 면에서 완벽을 추구하는 부모 때문에 숨이 막힐 지경이었다.

　서로의 모습에서 자신을 비춰보며 아이들은 좋은 친구가 되었다. 또한 그 시간 동안 타인뿐 아니라 자기 자신을 더 잘 이해할 수 있게 되었다.

이 세상에는 편견이 가득하다. 누군가를 판단하는 것은 쉽지만 이해하는 것은 어렵기 때문이다

The world is full of prejudice, because judging is easy,
understanding is not

두 영화 속에서 '고정관념'은 그곳에 있는 인물들의 관계를 서서히 망가뜨린다. 〈주토피아〉의 경우, 산발적으로 발생한 실종 사건들이 수면으로 드러나면서 포식자와 피식자 사이에 대립 구도가 발생한다. 포식 동물을 향한 적대감과 불안감이 주토피아에 번지고 모든 포식 동물들은 '공격성 높은 위험한 존재'라는 꼬리표가 붙는다. 도넛을 사랑하는 치타 경관조차 단지 포식 동물이라는 이유 때문에 눈에 띄지 않는 지하실로 전임된다.

　〈조찬 클럽〉의 선생님 역시 교칙을 위반한 학생들에게서 편견을 거두지 않는다. 다섯 아이들에게 '내가 생각하는 나'라는 제목의 글을 제출하도록 하면서도 애당초 그 아이들의 진짜 모습을 들여다볼 생각이 없다. 문제를 일으키는 아이들의 행동 이면에 어떤 이유가 있었는가는 관심사가 아니었던 것이다.

누군가를 판단한다는 건 손쉬운 일이다. 굳이 시간과 마음을 들여 그 사람을 이해할 필요가 없기 때문이다. 그래서 많은 사람들은 그저 머릿속에 박혀 있는 고정관념을 고민 없이 작동하고 자동적으로 결론을 내린다.

그러나 주디가 닉의 꼬리표 뒤에 가려진 진짜 모습을 알고자 하지 않았다면, 그의 사려 깊고 정의감 넘치는 본모습을 끝까지 보지 못했을 것이다. 주디에게 닉은 끝까지 그저 '교활한 여우'에 지나지 않았으리라. 나에게 '영웅', 혹은 '동반자'가 될 수 있는 누군가를 고작 편견 때문에 이방인으로 지나치게 된다면 그처럼 안타까운 일이 또 있을까.

한 송이 꽃에 온 세계가 담겨 있고 한 그루 나무에 온 보리가 담겨 있는 법인데, 하물며 사람이라고 다를까 싶다. 모든 사람은 복잡한 유기체이자 소우주다. 저마다의 우주를 품고 있는 나와 우리들을 그 자체로 존중하고 감탄함이 마땅치 않을까.

⊕ 함께 보면 좋은 영화

〈샤크〉Shark Tale_2004
〈월플라워〉The Perks of Being a Wallflower_2012

CHAPTER 5

사랑,
함께 키워가야 할

때때로 사랑은, 가장 강렬하고도 거센
희망의 원동력이 된다.
문득 찾아오는 사랑의 순간, 우리는
'더 좋은 사람이 되고 싶다'는 강렬한 열망에
휩싸인다.

괴로우면 울고, 즐거우면 웃고, 좋아하면 알게 하라

〈싱 스트리트〉×〈벼랑 위의 포뇨〉

아직 실수해도 될 때 시도해보라.
아직 꿈이 있을 때 좇으라. 아직 용기가 있을 때 사랑하라.
젊음이란 매 순간에 뛰어드는 것이다.

Being young is about seizing the moment; try while you can still make mistakes,
chase while you still have dreams, love while you still have the courage.

누구나 어른이 되는 과정에서 '사랑에 눈뜨는' 시기를 경험한다. 좋아하는 그 사람의 관심을 끌기 위해 외모에 신경 쓰기 시작하고 평소와는 다른 사람처럼 굴기도 한다. 누군가를 좋아한다는 느낌은 그야말로 비현실적이다. 그 사람을 떠올리면 순간이동이라도 한 듯, 그와 나만의 시공간이 펼쳐진다. 앞으로 수많은 세상일과 사람들에 시달려야 할 이들에게, 문득 찾아오는 사랑의 순간은 '더 좋은 사람이 되고 싶다'는 강렬한 자극이 된다.

〈원스〉Once, 2006 로도 유명한 존 카니John Carney 감독의 음악영화 〈싱 스트리트〉Sing Street, 2016, 그리고 미야자키 하야오 감독의 〈벼랑 위의 포뇨〉Ponyo On The Cliff, 2008는 사랑을 마주한 두 쌍의 젊은 이들이 보여주는 단순하지만 거침없는 용기에 대해 이야기한다.

〈싱 스트리트〉는 1980년대 아일랜드를 배경으로 한다. 중학생 코너는 가정형편 때문에 어쩔 수 없이 가톨릭 학교로 전학을 가게 되고 낯선 환경에 좌충우돌하며 힘든 하루를 보낸다. 그러던 어느 하교길, 모델 지망생 라피나를 보고서 코너는 한눈에 반한다. 그녀의 환심을 사기 위해 밴드를 한다며 거짓말을 하고 뮤직

비디오에 출연해달라는 엉뚱한 제안까지 한다. 라피나가 선뜻 승낙하자 코너는 마음이 급해진다. 부랴부랴 어설픈 멤버들을 모아 밴드 '싱 스트리트'를 결성하고 음악을 만들기 시작한다.

〈벼랑 위의 포뇨〉의 주인공 포뇨는 바다에 사는 물고기 소녀다. 호기심 많은 말썽꾸러기 포뇨는 어느 날 아빠 몰래 육지에 올라왔다가 유리병 속에 갇히고 만다. 다행히도 친절한 인간 소년 소스케의 도움으로 목숨을 구한 뒤, 포뇨는 대책 없는 사랑에 빠진다. 급기야 포뇨는 아빠의 마법을 몰래 사용해 다섯 살짜리 인간 소녀의 모습으로 변신하는데, 이후 예상치 못한 후폭풍을 맞게 된다.

————

사랑하는 사람은 용감해진다. 서로의 감정을 표현하는 것 , 스스로 더 나은 사람으로 변화하는 것. 모두 용기가 필요한 일이기 때문이다

Love gives people courage. Whether it's the courage to change themselves for the better, or to express their love for each other

〈싱 스트리트〉의 코너는 이제 막 사춘기에 들어선 여느 아이들처럼 어른도 아니고 어린이도 아닌 모호한 경계에 서 있다. 라피나에게 한 거짓말을 수습하기 위해 울며 겨자 먹기로 밴드 연습을 시작했는데, 뜻밖에도 자신에게 음악적 재능이 있음을 발견한다. 세상에 발붙일 곳 없다고 느끼던 코너에게 음악은 단단한 귀속감을 준다. 애초의 목적대로 라피나의 관심과 인정을 얻은 후에도 코너는 음악에 대한 열정을 계속 키워나간다. 보수적인 가톨릭 학교의 선생님들은 그런 코너의 모습에 눈살을 찌푸리며 제재하지만, 꿈을 향한 코너의 도전은 계속된다. 코너는 음악이든 사랑이든 자신의 선택은 틀리지 않았다고 확신한다.

비록 라피나를 향한 첫 번째 고백은 실패로 끝났지만 코너는 포기하지 않는다. 그리고 자신이 용감하게 행복을 추구하는 사람이라는 사실을 증명해 보인다. 타인을 위해 더 용감한 사람이 되는 것. 이 영화에서 말하는 '사랑의 힘'이다.

길을 잃었을 때는 마음을 따라가라. 마음은 길을 알고 있다

When you're lost, follow your heart. It knows the way

포뇨는 인간 마법사와 바다의 여신 사이에서 태어난 수많은 물고기 아이들 중 하나로, 원래 이름은 브룬힐데였다. 브룬힐데가 육지에 나갔다가 위험에 빠진 순간, 인간 소년 소스케가 브룬힐데를 구해주고 '포뇨'라는 이름을 지어준다. 소스케는 포뇨를 바라보며 영원히 지켜주겠다고 약속한다.

하지만 둘만의 달콤한 시간도 잠시, 딸을 걱정하던 아빠 때문에 포뇨는 다시 바닷속 세상으로 불려 간다. 아빠는 돌아온 딸을 보며 기가 막힌다. 이제부터 자기를 '포뇨'라고 불러달라며 고집을 부리더니, 심지어 인간이 되어 소스케와 함께하고 싶다고 떼를 쓰는 게 아닌가. 완강히 반대하는 아빠 때문에 포뇨는 상심한다. 비록 만난 지 얼마 안 되었지만 인간 소년은 포뇨의 마음을 모두 차지한 터였다. 포뇨는 무슨 일이 있더라도 반드시 소스케에게 돌아가겠다고 결심한다.

끝내 고집을 꺾지 않은 포뇨가 기어코 집을 떠나면서 저도 모르게 일으킨 아빠의 강력한 마법 때문에 세상은 균형을 잃고 물에 잠긴다. 그러나 이러한 도전 속에서도 포뇨와 소스케는 서로의 곁을 굳게 지키고 마침내 포뇨의 부모마저 감동시킨다.

'희망'은 우리를 끊임없이 앞으로 나아가게 만드는 힘이다. 그리고 때때로 사랑은, 가장 강렬하고도 거센 희망을 불러일으키는 원동력이 된다.

아직 실수해도 될 때 시도해보라.
아직 꿈이 있을 때 좇으라.
아직 용기가 있을 때 사랑하라.
젊음이란 매 순간에 뛰어드는 것이다

Being young is about seizing the moment;
try while you can still make mistakes, chase while you still have dreams,
love while you still have the courage

무모할 만큼 용감한 포뇨나 코너와 달리, 현실 속의 청춘들은 인생의 많은 순간에 주저하고 머뭇거린다. 우리는 특히 자신의 꿈과 감정에 혼란을 느끼곤 한다. 꿈을 이루지 못할까 봐, 또는 지금 느끼는 감정이 불행한 결말로 끝날까 봐 두려워 뒷걸음질 친다. 한편으로는 그렇게 망설이기만 하는 자신에게 실망감을 느끼기도 한다.

하지만 청춘의 가장 큰 자산은 말 그대로 '젊음'이다. 꿈이나 사랑을 좇는 과정이 고단할지라도, 혹은 결과가 화려하지 않을지라도 괜찮다. 젊다는 건 '아직은 실수해도 괜찮다'는 뜻이기 때문이다. 가장 큰 후회는, 꿈을 꾸고 모험에 뛰어들 기회를 모두 잃은 뒤에 찾아온다.

라피나는 뮤직비디오를 촬영하는 도중 바다로 뛰어드는 장면에서 그냥 시늉만 하는 게 아니라 진짜로 물속에 몸을 던진다. 코너가 물에 빠져 허우적거리는 라파나를 구하고서 이유를 묻자, 그녀는 말한다.

"적당히 해서는 아무것도 할 수 없어(You can never do anything by half)."

인생의 매 순간에 힘껏 뛰어들라. 그것이 바로 젊음이다.

영화에서 읽는 '인생 한 컷'

어떤 사람들은 두 영화를 보고 마냥 순수하고 천진난만한 시절의 이야기라고만 생각할지 모른다. 하지만 조금 더 깊이 들여다보면 두 영화가 현실에서 겪을 수 있는 위기를 표현하고자 했으며, 이런 고난을 어떤 마음으로 대해야 하는가를 말한다는 걸 알 수 있다.

〈싱 스트리트〉 속 인물들은 나약한 내면을 감추기 위해 강한 척을 한다. 라피나는 낙담한 코너에게 이런 말을 한다.

"네 문제는 슬픔을 행복하게 받아들이지 못한다는 거야. 하지만 사랑은 그런 거야. '행복한 슬픔'이지(Your problem is that you're not happy being sad. But that's what love is, Cosmo: Happy-sad)."

'행복한 슬픔'. 실로 많은 의미가 함축된 단어다. 괴롭고 슬픈 감정 속에도 기쁨과 위안은 점점이 박혀 있다. 여러 가지 맛이 뒤섞여 한마디로 표현할 수 없는 요리처럼 말이다. 그렇기에 한바탕 소용돌이치는 슬픔이 잠잠해지고 나면, 그 시간이 가져온 위안과 희망이 바닥에 고요히 가라앉는 것을 보게 된다.

〈스타워즈〉의 레아 공주, 캐리 피셔 Carrie Fisher 도 말하지 않았던가.

"부서진 마음을 예술로 승화시켜라(Take your broken hearts, make it into art)."

⊕ 함께 보면 좋은 영화

〈월-E〉 WALL.E_2008
〈52Hz, 아이 러브 유〉 52Hz, I Love You, 2017

사랑에 실패했다는 이유로
인생에 실수하지 말라

〈겨울왕국〉×〈언 에듀케이션〉

사랑은 없어서는 안 될, 우리 삶의 일부지만
그 경이로움은 결코 어떤 희생이 전제가 되어서는 안 된다.

Love is a part of life that one can't live without,
and such wonder shouldn't require sacrifice.

설렘은 쉽게 찾아오지만 그 마음을 유지하는 것은 결코 쉬운 일이 아니다. 특히 가까운 이들의 이해와 지지를 얻지 못한 감정은 더 취약할 수밖에 없다. 사랑이라는 감정에 있어서만큼은 다른 누구도 개입할 수 없다. 하지만 내 감정이 안전한 곳으로 흘러가는지 점검해줄 장치는 필요하다. 만약 사랑이라는 것이 나의 소중한 무언가를 일방적으로 희생해야 하는 것이라면, 특히 다른 관계나 자기긍정을 포기해야 하는 것이라면 안전한 종착지를 기대할 수 없기 때문이다.

한때 전 세계에서 열풍을 일으켰던 디즈니의 〈겨울왕국〉Frozen, 2013과 매력적인 성장 영화 〈언 에듀케이션〉An Education, 2009에는, 아직은 미성숙한 소녀들의 씁쓸한 사랑 이야기가 등장한다.

〈겨울왕국〉은 북방 어느 나라 두 공주의 이야기다. 눈과 얼음을 다루는 능력을 타고난 언니 엘사는 어린 시절, 실수로 사랑하는 동생 안나를 다치게 한다. 크게 놀란 왕과 왕비는 마법의 힘을 통제하지 못하는 엘사를 염려하여 방에 격리한다. 얼마 후, 왕과 왕비는 여행 중 갑작스러운 사고로 세상을 떠나고 엘사가 왕위를 물려받게 된다. 대관식 날이 되어 오랫동안 외부에 폐쇄했던 성문을 드디어 열게 되자, 동생 안나는 흥분을 가라앉히지 못한다. 꿈에 그리던 멋진 왕자를 만날 수 있을 것만 같아 부푼 마음으로 대관식 날 아침을 맞이한다.

〈언 에듀케이션〉의 주인공 제니는 성실한 모범생이지만 하나부터 열까지 통제하려 드는 부모님 때문에 답답함을 느낀다. 어느 비 오는 날, 자신보다 나이가 한참 많은 데이비드를 우연히 만나는데, 또래보다 훨씬 세련되고 로맨틱한 매너에 금세 빠져든다.

사랑에 눈뜬 안나와 제니는 첫눈에 반한 상대와 사랑을 속삭이지만 얼마 지나지 않아 '사랑'이라는 것이 생각처럼 아름답고 달콤한 것이 아님을 깨닫는다.

───

때로는 서서히 이해한 뒤에야
그것이 실수임을 깨닫게 되는 일들도 있다

Some things you won't realize are mistakes
until you slowly make sense of them

오랜 세월 바깥세상 사람들을 보지 못하고 살아온 안나는 남쪽 작은 섬에서 온 한스 왕자를 만난 후 순식간에 사랑에 빠진다. 훤칠하고 귀족다운 고상함을 갖춘 데다가, 자신과 비슷한 점도 많왔기 때문이다. 그날 밤 한스 왕자가 청혼을 해오자 안나는 더 생각해보지도 않고 곧바로 승낙한다. 기쁨에 들뜬 안나는 언니의 축복을 기대하며 '약혼자'를 엘사에게 데려간다. 하지만 언니 입장에서는 다짜고짜 결혼하겠다는 동생을 허락해줄 수가 없었다.

언니는 동생에게 아직 철이 없다고 야단치고, 동생은 언니를 얼음처럼 차갑고 냉정한 사람이라며 비난한다. 갈등이 극에 달한 순간, 엘사는 실수로 온 성을 꽁꽁 얼려버린 뒤 도망친다.

벗어나기 위해 택한 사랑은
구원이 되지 못한다

Love chosen to escape cannot be salvation

〈언 에듀케이션〉의 제니는 다재다능하고 주관이 뚜렷한 학생이다. 그에 비해 보수적이고 완고한 부모님은 명문 옥스퍼드 대학에 진학하는 것만이 인생의 유일한 목표인 양 제니를 다그친다. 갑갑한 하루하루를 보내던 제니에게, 호탕한 성인 남자 데이비드는 '자유'와도 같은 의미였다. 그가 열렬한 구애를 펼치면서 어른들의 '상류사회'를 엿보여주자 제니는 이전의 고리타분한 일상에서는 더 이상 아무런 흥미도, 의미도 느낄 수 없게 된다. 학교 선생님들은 미래를 생각하라며 제니를 설득해보지만 제니는 결국 퇴학마저 불사한다.

그러나 제니에게 상상했던 것처럼 황홀한 해피엔딩은 찾아오지 않았다. 데이비드는 사실 유부남이었고, 제니 같은 소녀들을 상습적으로 유혹하고 이용한 파렴치한이었던 것이다.

상대방이 내 애정에 등을 돌리는 이유는 대부분 '그것을 표현하는 방식' 때문이다

Oftentimes the way we express our concern is
the exact reason why people reject it

안나와 제니가 사랑 앞에서 조급하게 군 것은 사실이지만 모든 것을 두 사람 탓으로 돌릴 수는 없다. 순진한 이들이 상대방의 나쁜 의도를 처음부터 파악하기란 쉽지 않은 일이었다. 무엇보다 두 소녀에게는 롤모델로 삼을 어른이 곁에 없었다. 어릴 때 부모를 잃은 안나는 언니마저 문 뒤로 숨어버렸다. 때문에 성장 과정에서 누군가를 보고 배우거나 고민을 털어놓을 수 없었고, 타인을 만나 마음을 나누는 법도 제대로 터득하지 못했다.

제니의 부모는 문제가 더 심각하다. 그저 자신들이 생각하는 '상류사회'에 딸을 밀어 넣을 생각만 할 뿐, 아이의 감정은 전혀 고려하지 않았다. 심지어 데이비드가 번쩍이는 후광을 보이며 등장하자 자세히 알아보지도 않고 그를 제니의 짝으로 낙점해버린다. 부모의 역할을 다하지 않은 셈이다.

하지만 한 발 물러나 생각해보면 사실 모두는 같은 것을 원했다. 바로 '아이의 행복' 말이다. 감정 표현에 서툰 엘사도, 고지식한 제니의 부모도 결국 동생과 딸이 진정한 사랑을 만나 행복한 삶을 살기를 진심으로 바랐다.

이들의 애정은 진심이었으나, 그 애정을 표현하는 방식은 분명 문제가 있었다. 바꿔 말하자면, 안나와 제니가 거부했던 것은 가족의 관심이 아니라, 그 관심을 표현하는 방식이었던 셈이다.

사랑은 때로 어설프고 성급하다. 힘껏 내달렸던 길에서 무참히 나뒹굴고는, 상처 난 무릎으로 돌아와야 할 때도 있다. 그래서 사랑이 불행히도 실패로 끝났을 때, 넉넉한 우산이 되어 묵묵히 비바람을 막아줄 누군가가 필요하다. 그럴 때 사랑의 상처는 새로운 삶의 단계로 나아가는 데 아무런 방해도 되지 못한다. 안나에게 진실한 새로운 사랑이 찾아왔던 것처럼, 제니가 목표를 되찾고 결국 원하는 대학에 합격한 것처럼 말이다.

⊕ 함께 보면 좋은 영화

〈위대한 개츠비〉The Great Gatsby_2013
〈슈렉 포에버〉Shrek Forever After_2010

우리 모두를 옭아맨
저주를 풀려면

〈하울의 움직이는 성〉×〈미녀와 야수〉

진정한 사랑은 당신을 다른 사람으로 바꾸지 않는다.
그저 최고의 당신을 끌어낼 뿐이다.

True love doesn't change you into someone else;
it only brings out the best of you.

아름다움에 이끌리는 것은 사람의 본능이다. 어린 꼬마들도 아름다운 것을 좋아하고 '예쁘다'는 칭찬을 반긴다. 문제는 '아름다움'의 판단 기준이다. 그 기준은 환경과 문화에 영향을 받게 마련이며, 그래서 사회가 정의하는 아름다움을 모두가 고민 없이 받아들인다. 또한 그 조건에 부합하지 않는 것들에는 거리낌 없이 '추하다'는 판정을 내린다.

영국의 동명 판타지 소설을 원작으로 하는 애니메이션 〈하울의 움직이는 성〉Howl's Moving Castle, 2005, 그리고 디즈니의 실사 영화 〈미녀와 야수〉Beauty and the Beast, 2017는 모두 '진정한 아름다움'에 대해 고민하는 영화다.

〈하울의 움직이는 성〉의 소피는 원래 평범한 소녀였다. 조용한 일상을 보내던 소피는 어느 날 마법사 소년 하울을 만나는데, 두 사람이 함께 있는 광경을 목격한 마녀의 질투 때문에 하루아침에 아흔 살 노파로 변한다. 도망치듯 집을 나와 우연히 하울이 사는 성에 머물게 된 소피. 하울의 비밀을 풀고 자신도 저주에서 벗어나기 위해 소피는 모험을 시작한다.

애니메이션으로도 큰 인기를 끌었던 〈미녀와 야수〉 역시 위기에 처한 소녀의 이야기를 그린다. 아버지가 외딴 성의 야수에게 붙들리자 벨은 아버지 대신 야수의 인질이 되기로 자처한다. 그리고 신비한 성에서 조심스러운 하루하루를 보내며 야수의 비밀을 알아간다.

우리 모두는 나름의 방식으로 아름답다. 하지만 안타깝게도 그것을 볼 수 있는 능력이 모두에게 있는 것은 아니다

Everyone is beautiful in their own ways,
it's a shame not everyone has the ability to see that.

하울은 늘 화려하고 멋진 모습을 자랑하는 마법사다. 황야의 마법사를 비롯한 많은 이들이 그의 멋진 외모를 흠모한다. 그런데 소피가 성에 머물며 보게 된 하울의 진짜 모습은 어딘지 불안하고 유약해 보인다. 금발머리 염색을 망쳤다는 이유로 크게 상심해서는 주변 사람들은 아랑곳 않고 자기연민에 빠져든다.

"아름답지 않으면 살 의미가 없어!"라며 머리를 쥐어뜯는 하울을 보며 소피는 돌아서서 눈물을 흘린다. 자신은 지금껏 한 번도 아름다웠던 적이 없었고, 심지어 지금은 볼품없는 노파의 모습을 하고 있으니 하울의 말은 상처가 될 수밖에 없다.

하지만 두 사람은 성 안에서 외부의 적들과 함께 싸워나가며, 외모의 벽을 넘어 점차 서로 사랑하고 의지하게 된다. '움직이는 성'에 살면서 회피하고 숨는 것이 일상이었던 하울. 마찬가지로 아버지의 가업을 군말 없이 물려받아 큰 변화 없이 사는 것이 최선이라 여겼던 소피. 두 사람은 서로를 위해 기꺼이 움직이고 싸우기 시작한다.

영화의 끝에서 하울과 소피는 금발도, 화려한 옷도, 성도 잃고 초라한 모습으로 서 있지만 서로에게서 가장 아름다운 모습을 본다.

행복은 타인의 눈에 보이는 것이 아니라 자신이 느끼는 것이다

Happiness is not what others see; it's how you feel

벨은 프랑스의 작은 마을에서 아버지와 단둘이 평온한 삶을 살고 있다. 선량하고 아름다운 소녀는 언젠가 이 무료한 곳을 떠나 자유로운 삶을 살기를 꿈꾼다. 어느 날, 벨의 아버지는 숲속에서 길을 잃고 헤매다가 어느 성 안으로 들어서게 된다. 집에서 기다리는 딸을 생각해 그곳의 장미꽃에 손을 대는데, 이 때문에 성주 야수에게 갇히는 신세가 된다. 아버지가 고생하는 모습을 차마 볼 수 없었던 벨은 아버지 대신 자신이 성에 남겠다고 나선다.

벨의 갑작스러운 등장으로 죽어버린 야수의 심장이 다시 뛰기 시작한다. 그러나 고집불통인 두 사람이 갑자기 한 공간에 살게 되었으니 툭하면 부딪치고 목소리를 높이는 상황이 벌어진다. 벨이 야수에게 연민을, 그리고 어느 순간 사랑까지 느끼게 된 것은 무서운 외모 너머 그의 진실하고 정의로운 모습을 보게 되면서였다. 결국 벨의 사랑 덕분에 야수는 저주에서 풀려나 왕자의 모습을 되찾는다.

솔직히 말해, '내면의 아름다움을 본다'는 것은 말처럼 쉬운 일이 아니다. 우리 모두가 〈내겐 너무 가벼운 그녀〉Shallow Hal, 2001의 주인공은 아니니 말이다. 그래서 외모 때문에 끌리거나, 혹은 외모 때문에 거리를 두게 되는 것은 어쩌면 자연스러운 일일지도 모른다.

그러나 겉모습은 사람의 모든 것을 보여줄 수 없다. 한 사람의 일부만을 드러내며 그마저도 일시적이고 나약한 단면에 지나지 않는다. 그 사람의 한 조각이 아닌 전체를 보고 싶다면, 조금 더 인내심을 가지고 천천히 들여다보아야만 한다.

진정한 사랑은 당신을
다른 사람으로 바꾸지 않는다.
그저 최고의 당신을 끌어낼 뿐이다

True love doesn't change you into someone else;
it only brings out the best of you

'황야의 마녀'가 소피에게 건 저주는 단순히 겉모습을 90세 노파로 바꾼 것이 아니었다. 영화 속에서 소피의 외모는 순간순간 노인과 어린 소녀 사이를 오간다. 자신의 마음을 따르고 '젊은이'다운 용기를 낼 때는 소녀의 모습으로, 포기하고 주저앉을 때는 다시 노파의 모습으로 바뀐다. 그런 점에서 소피의 외모는 마음 상태를 고스란히 투영하는 거울의 기능을 하는 셈이다.

이는 야수도 마찬가지였다. 추악한 외모였을 때 야수는 냉정하고 이기적인 사람이었다. 하지만 벨과 함께하면서 얼어붙은 심장이 녹아내렸고 상대방을 진심으로 위하고 생각할 줄 알게 되었다. 그때 비로소 왕자는 원래의 아름다운 얼굴을 되찾는다.

어쩌면 두 사람이 가장 극적으로 변한 부분은 외모가 아닌 내면일지도 모른다. 시간이 흐르면서 사랑의 힘은 소피와 야수를 자기 안에 있는 '최선의 모습'으로 변화시킨다.

사랑하는 사람 앞에서는
자기 본연의 모습으로 서게 된다

In front of loved ones, you stand as you are

저주에 걸린 탓에 소피와 야수는 영화 속 대부분의 시간 동안 '추한' 모습을 하고 있다. 주름이 자글자글한 노파와 험악한 야수를 '아름답다'고 표현하기는 어렵다. 두 사람은 그런 외모 때문에 여러 가지 곤란을 겪으며, 그래서 자신의 외모를 감추거나 더 나아 보이도록 하기 위해 이런저런 방법을 시도한다.

사실 이러한 설정은 현실 속 우리들 역시 어떤 저주에 홀린 것임을 넌지시 암시한다. 획일적인 미의 기준에 갇혀 그 안에 자신을 끼워 맞추려 안달하고 섣불리 재단하는 우리들. 그러나 누군가를 진심으로 사랑한다는 것은 그 사람의 '진짜 모습'을 사랑한다는 의미다. 때문에 사랑하는 사람 앞에서만큼은 내 본연의 모습을 드러낼 수 있고, 가장 진실한 모습으로 그 사람의 목소리에 화답할 수 있다. 그렇게 될 때 내 시선과 마음을 속박하던 저주가 풀리고, 가장 나다운 모습이 되는 것이 아닐까.

✥ 함께 보면 좋은 영화

〈내겐 너무 가벼운 그녀〉Shallow Hal_2001
〈라푼젤〉Tangled_2010

CHAPTER 6

가족의 정,
무겁고도 견고한

가족은 하나의 나무에 달린
나뭇가지와 잎사귀들 같다.
각기 다른 방향으로 뻗어가더라도
뿌리는 영원히 붙어 있다.

가족의 사랑이
짐이 될 때

〈빅 피쉬〉×〈니모를 찾아서〉

당신이 바라는 형태가 아닐지라도
그 사람은 온 마음을 다해 사랑하는 중이리라

Someone may still love you just as much even if they do not love
you in a way you want to be loved.

사춘기 무렵, 한 번쯤 이런 경험을 해보았을 것이다. 부모님이 갑자기 학교로 찾아오거나 친구들과 노는 곳에 나타났을 때, 뭔지 모르게 당황스럽거나 짜증이 났던 경험 말이다. 아이들의 이런 심리는 지극히 정상적이다. 일정한 성장 단계에 이르면 아이는 홀로서기를 원하는 것이 당연하고, 또 마땅하기 때문이다.

난처함을 느끼는 것은 아이뿐만이 아니다. 늘 품 안의 자식인 줄로만 알았는데 훌쩍 내 품을 벗어난 아이를 보며 부모들은 자녀를 어떻게 대해야 좋을지 몰라 당혹감을 느낀다. 너무 간섭하면 아이가 저항할 테고, 그렇다고 너무 놓아주자니 불안함이 앞선다. 이런 어색한 상황을 모면하고자 서툰 방법을 사용했다가는 오히려 아이를 더 밀어내는 결과를 낳고 만다. 특히 감정 표현에 능숙하지 못한 아버지들이 이런 실수를 흔히 저지른다.

팀 버튼Tim Burton 감독의 작품 〈빅 피쉬〉Big Fish, 2003와 픽사 애니메이션 〈니모를 찾아서〉Finding Nemo, 2003는 아버지와 아들이 겪는 '성장통'에 관한 이야기다.

〈빅 피쉬〉의 아버지는 아들 윌에게 본인이 젊은 시절 겪었던 놀라운 모험 이야기를 들려주는 게 낙이다. 죽음을 예언하는 마녀와 키가 4미터나 되는 거인을 만나고, 동화 같은 마을에서 환상적인 시간을 보내는가 하면, 늑대인간 서커스 단장을 만나 서커스단원이 되었다는 이야기를 들으며 어린 윌은 상상의 나래를 펼친다. 아이의 유년시절은 아버지에 대한 경외심과 환상의 세계를 동경하는 마음으로 반짝였다.

한편 〈니모를 찾아서〉의 아버지 말린은 깊은 바닷속에 사는 흰동가리다. 수년 전 뜻밖의 사고로 아내와 많은 아이들을 한꺼번에 잃고 마지막 하나 남은 아들 니모와 서로 의지하여 살아간다. 사고 이후 말린은 아들을 과보호하며 혹시라도 무슨 일이 일어날까 봐 학교에 가는 것조차 마음을 놓지 못한다. 니모는 아버지를 사랑하지만, 이제는 자기 힘으로 더 큰 세상에 발을 디디고 싶다.

상대방을 고려하지 않은 관심은 '억압' 이라 불린다

Caring without consideration is called pressure

아들이 시야를 벗어나는 것조차 불안해하는 아버지에게 니모는 점점 반항심이 생긴다. 어느 날, 이 일로 아버지와 다투고 토라진 니모는 보란 듯이 먼 바다까지 헤엄쳐 갔다가 그만 잠수부에게 붙잡힌다. 아들을 구하기 위해 망망대해를 건너는 모험 길에 오른 말린. 그 여정에서 놀라울 정도로 낙천적인 친구 도리를 만난다. 도리는 기억상실증에 걸렸지만 깨어 있는 순간순간 최선을 다해 살아간다.

도리와 함께 여행하면서 말린은 니모를 향한 과도한 염려가 결코 바람직한 애정이 아니었음을 점차 깨닫는다. 그런 태도 때문에 자신은 날마다 두려움 속에서 살았고 니모는 정상적으로 성장할 수 없었다.

도리와 말린은 이런 대화를 나눈다.

말린 니모에게 그 어떤 일도 일어나지 않게 하겠다고 맹세했는데.

도리 참 이상한 맹세네.

말린 뭐라고?

도리 말도 안 되잖아. 니모한테 아무 일도 일어나지 않는다고 해봐. 그럼 무슨 재미가 있겠어?

이 대화는 무척 의미심장하다. 수많은 부모들의 실수를 상기시키기 때문이다. 그 실수란 바로 '온 힘을 다해 내 아이를 지키겠다'는 것이다. 물론 외부의 위협으로부터 아이를 지키고 건강하게 자라도록 돕는 것은 부모의 의무다. 하지만 아이 스스로 바깥세상을 탐험하고 판단할 기회 자체를 빼앗는 것은 완전히 다른 이야기다. 이때 부모는 아이를 지키는 것이 아니라, 가로막는 역할을 하게 된다.

사랑하는 이에게서 이해받는 것은 삶에서 가장 감동적인 사건이다

The most heartfelt feeling of all is being understood by those who you love the most

〈빅 피쉬〉의 아들 윌은 나이가 들면서 점차 환상에서 깨어난다. 어렸을 때는 모두 사실이라 믿었던 이야기가 돌아보니 순 허풍이었음을 깨달은 것이다. 성인이 된 윌은 오랜 시간 아버지를 멀리하다가, 아버지가 위독하다는 소식을 듣고서야 임신한 아내와 함께 고향으로 돌아온다.

아버지가 병상에서조차 끊임없이 옛날이야기를 하고 또 하는 것을 들으며 윌은 점점 신경이 날카로워진다. 예전과 조금도 다를 바 없이, 어린애나 믿을 만한 이야기를 반복하는 아버지가 실망스러울 뿐이다. 그런데 어느 순간 아버지의 허무맹랑한 이야기가 완전한 허구는 아니라는 증거가 하나둘 눈에 들어온다.

각박한 삶에 쫓기던 아버지는 어린 아들에게 초라한 모습으로 기억되고 싶지 않았으리라. 그래서 온갖 환상적인 이야기로 아이를 사로잡으려 했음을 이해하며 윌은 마지막을 앞둔 아버지에게 오랜 이야기의 결말을 들려준다. 정신이 흐릿한 가운데 아들의 이야기에 푹 빠진 아버지는 다시금 그 신기한 이야기 속 주인공이 되었다가 마지막 순간 커다란 물고기로 변해 호수 속으로 헤엄쳐 들어간다.

작별 후에야 아버지를 진심으로 이해하게 된 아들은 생각한다.

"때로는 초라한 진실보다 환상적인 거짓이 더 나을 수도 있다. 더군다나 사랑이 만들어낸 것이라면."

당신이 바라는 형태가 아닐지라도
그 사람은 온 마음을 다해 사랑하는 중이리라

Someone may still love you just as much even if
they do not love you in a way you want to be loved

니모와 윌이 한때 아버지를 부끄러워하고 거부했던 것은 철이 없었기 때문이기도 하지만, 아버지들의 행동이 과했던 것 또한 사실이다. 니모의 아빠 말린은 집착에 가까울 정도로 아들을 과보호했고, 윌의 아버지 역시 아들의 감정은 전혀 고려하지 않은 채 자신의 방식만 고집했다. 그러나 일련의 사건을 겪은 뒤, 두 아들은 아버지의 괴상한 행동 뒤에 숨은 사랑과 애정을 서서히 확인한다.

현실 속 우리의 모습도 크게 다르지 않다. 잔소리처럼 들리던 당부의 말들, 집에 돌아오면 서둘러 차리던 정성 어린 음식, 대문을 나서는 당신에게 억지로 입혀주던 코트. 때로는 짐스럽고 귀찮았겠지만, 이는 모두 부모님 나름의 방식으로 표현한 사랑이었다.

누구든 마음속으로 바라는 '사랑'의 방식이 있을 것이다. 연인 간에든, 가족 간에든 마찬가지다. 어쩌면 지금 당신을 사랑하는 사람의 방식이 기대에 못 미칠지도 모른다. 그렇다고 해서 상대방이 당신을 마음 다해 사랑하지 않는다는 뜻은 아님을 기억하라. 그 사람이 사랑을 위해 할 수 있는 일, 그 사람이 생각하는 최고의 사랑 방식을 일단 존중하라. 서로 맞추고 바꿔나가는 것은 그 다음 일이다.

⊕ **함께 보면 좋은 영화**

〈굿 다이노〉The Good Dinosaur_2015
〈토니 에드만〉Toni Erdmann_2016

'아픔'만으로는
성장할 수 없는 이유

〈맨체스터 바이 더 씨〉 × 〈갓파 쿠와 여름방학을〉

고통은 아무런 도움이 되지 못한다.
당신이 이겨낼 방법을 찾지 못한다면.

Pain isn't helpful unless you can find a way to conquer it

미국의 의사 빈스 펠리티Vince Felitti는 성인 1만 7,000여 명을 대상으로, 유년기의 경험과 성인이 된 이후의 건강 사이에 연관성을 연구했다. 그 결과, 유년기에 심각한 역경을 겪은 사람일수록 성인이 된 후 심신의 질병을 앓을 확률이 높은 것으로 나타났다.

나는 영화 〈맨체스터 바이 더 씨〉Manchester by the Sea, 2016와 〈갓파 쿠와 여름방학을〉Summer Days With Coo, 2007을 봤을 때, '불행한 유년기'에 관한 그 연구 결과가 문득 떠올랐다. 두 영화의 주인공인 '리'와 갓파는 모두 어린 시절 끔찍한 사고를 겪었다. 삶의 희망을 잃을 만큼 괴로운 시간을 보낸 것은 둘 다 마찬가지였으나 이후 아픔을 대하는 방식은 서로 달랐다. 그 방식은 두 사람이 남은 삶을 어떤 모양으로 살아가느냐에 큰 영향을 미쳤다.

〈맨체스터 바이 더 씨〉의 주인공 리는 한때 유쾌하고 낙천적인 가장이었다. 사랑하는 아내와 함께 세 아이를 키우며 단란하게 살았으나 술에 취한 어느 날 밤 그의 부주의 때문에 화재가 일어나고 그 결과로 세 자녀를 모두 잃는 참극이 벌어진다. 내면이 무너져내린 리는 아내와 이혼한 후 고통의 근원인 그 도시를 떠난다. 그리고 타지에서 조용히 남은 삶을 살기로 한다.

〈갓파 쿠와 여름방학을〉은 전설 속의 동물 갓파의 이야기다. 어린 갓파는 아버지가 잔인하게 죽임을 당하는 장면을 목격한 뒤 땅속 깊이 파묻힌다. 수백 년이 흐른 뒤 갓파는 코이치라는 소년에게 발견되어 다시 깨어난다. 코이치는 이름을 잊은 어린 갓파에게 '쿠'라는 이름을 지어주고 서로 친구가 된다.

무관심하게 사는 것에 익숙해지면 사랑하는 법을 잊게 된다

Once you get used to being indifferent, you'll forget how to love

영화 〈맨체스터 바이 더 씨〉는 어느 대도시의 아파트에서 잡역부로 일하는 리가 경찰서로부터 걸려온 전화 한 통을 받는 것으로 시작된다. 사이좋았던 형의 죽음을 알리는 전화였다. 형의 죽음보다 더 당혹스러운 것은, 형이 유서에서 조카 패트릭의 후견인으로 자신을 지목했다는 사실이다.

아직 과거의 아픔을 떨쳐내지 못한 리는 처음 이 소식을 들었을 때 도저히 받아들이지 못한다. 자신의 행복을 산산조각 낸 그 고통스러운 도시로 다시 돌아가는 것도 견딜 수가 없다. 그래서 어쩔 수 없이 패트릭을 맡기로 한 뒤에도 조카와 함께 고향을 떠날 생각을 먼저 한다.

우리는 인생의 여러 단계에서 다양한 아픔을 경험한다. 삶이 우리에게 던지는 이 도전은 때로 감당하기 벅찰 정도로 크거나 고통스럽다. 어떤 이들은 그 과정에서 겪은 상처를 떨쳐내고 다시 씩씩하게 걸어가지만, 그렇지 못한 이들도 있다. 고통에 무감각해지기 위해 아예 냉담해지는 방법을 택하기도 한다. 그 결과, 고통뿐만이 아닌 그 밖의 다른 모든 감정에도 둔감해지고, 시간이 흐르면서 세상에 무관심한 그 태도에 스스로 익숙해진다.

인생에서 어떤 고통은 피할 수 없다. 그러나 계속 괴로워할 것인가는 얼마든 선택할 수 있다

Some pains in life are inevitable, but whether or not we need to keep suffering is optional

〈갓파 쿠와 여름방학을〉의 갓파는 오래전 멸종된 동물로 한때는 이 세상, 인간들이 닿지 않는 땅에서 살았다. 그 시절, 끊임없이 영역을 넓히는 인간 때문에 갓파들은 위기를 느꼈다. 쿠의 아버지는 인간과 타협하기 위해서 열심히 잡은 물고기를 챙겨 길을 나서고 어린 쿠도 아버지와 동행한다. 그러나 갓파를 처음 본 인간들은 너무 놀라 다짜고짜 쿠의 아빠를 죽인다. 그때 마침 지진이 일어나는 바람에 쿠는 땅 밑으로 떨어져 목숨을 건진다. 그리고 진흙 속에 갇힌 채로 화석이 되고 만다.

수백 년이 흐른 뒤, 코이치라는 소년이 우연히 쿠의 화석을 발견한다. 코이치 덕분에 깨어난 쿠는 처음에 혼란스러워한다. 주변 환경이 완전히 달라진 데다가 아빠가 죽었다는 충격에서도 아직 벗어나지 못한 상태였다. 그러나 다정한 코이치 가족들의 보살핌을 받으며 서서히 인간에 대한 미움을 내려놓는다.

쿠가 인간에게 마음을 열기로 한 것은 자신이 갓파라는 사실을 잊어서가 아니다. 쿠는 아빠의 목소리와 가르침을 언제나 똑똑히 기억하고 있다. 그러나 인간이 모두 똑같지 않으며 선량하고 따뜻한 이들도 존재한다는 것을 알았기에 사람 자체를 원망하지 않았다.

그렇게 쿠는 세상에 유일한 '갓파'로서 용감히 운명을 받아들인다. 아빠가 자신에게 남긴 것을 잊지 않은 채 원망보다 희망을 택하기로 한다.

사람들은 아픔이 우리를 성장시킨다고 한다.
하지만 정말로 우리를 성장시키는 것은
그 아픔이 치유되는 과정이다

People say pain helps us grow; but actually
all the growing happens when we heal

상처 입은 사람들은 대개 무척 외롭다고 느낀다. 자신과 같은 아
픔을 느낀 사람은 없을 것이며 아무도 자신의 심정을 이해하지
못한다고 생각한다. 이런 고통을 적절한 통로로 해소하지 못하면
곧 세상에 대한 원망으로 이어져 오랜 세월 감정의 악순환에 빠
지게 된다. 그래서 앞서 소개한 '불행한 유년기'의 연구자 빈스 펠
리티도 '사람들과의 소통'을 중요한 치유 방법으로 제시했다.

쿠와 리 모두 눈앞에서 가족을 잃는 고통을 겪었다. 자신의 모
든 것이었던 이들을 한순간에 비참하게 잃고 그들의 세계는 무너
졌다. 어느 누구도 이런 상처를 훌훌 털어버리고 극복하라고 쉽
게 말할 수는 없다.

다행히도 쿠는 마음이 통하는 친구 코이치를 만나 잃어버린 것
들을 조금씩 채워나갔다. 배려하고 살펴주는 코이치의 진심, 코
이치 가족의 정을 통해 마음의 상처도 서서히 치유되었다. 반대
로 리는 마음속에 다시는 그 누구도 들이지 않는 쪽을 택한다. 삶
에 대한 믿음도 완전히 버렸다. 그랬기에 리의 상처를 치료하는

과정은 몹시도 더뎠고 주변 사람들까지 고통스럽게 만들었다.

내 안의 고통을 스스로 해소하기란 쉽지 않다. 상처가 순식간에 덧나서 더 번지기 십상이다. 그러므로 가장 빠른 치유법은 문을 여는 것이다. 창문을 열어 새로운 바람을 들이고, 문을 열고 세상으로 나와서 진심으로 돕고 싶어 하는 사람들에게 손을 내미는 것이다.

우리는 종종 '아픈 만큼 성숙한다'고 말한다. 그러나 사실 아픔 자체는 우리에게 아무 도움이 되지 못한다. 사람을 정말로 성숙하게 만드는 것은 아픔을 겪은 뒤, 그것을 치유하는 과정이다. 지독한 아픔을 거친 뒤 쿠와 리는 이 세상에는 가치 있는 아름다운 것들이 아직도 많음을 깨닫는다. 이를 받아들이고 지난 시간을 매듭지었을 때 두 사람은 다시 새로운 길을 갈 수 있었다.

⊕ **함께 보면 좋은 영화**

〈드래곤 길들이기 2〉How to Train Your Dragon 2_2014
〈나는 사랑과 시간과 죽음을 만났다〉Collateral Beauty_2016

완벽하진 않지만,
충분히 기댈 만한 버팀목

〈인크레더블〉×〈당갈〉

가족들이 나를 이해하지 못한다고 늘 불평하지만
그들 역시 내가 이해하지 못하는 문제를
저마다 안고 있다.

We all complain about how our family doesn't understand us. But the truth is,
they all have problems of their own that we don't understand either.

어릴 때 부모님은 늘 소매를 걷어붙이고 내 문제를 해결해주는 존재였다. 부모도 때로는 마음 졸이고, 한숨을 쉬고, 많은 고민을 하지만 아이들 눈에는 잘 보이지 않는다. 아이들로서는 자신의 필요를 어떤 방식으로든 채워주는 부모님이 늘 당연하고 익숙할 뿐이다.

하지만 나이가 들면서 인생의 수많은 문제를 맞닥뜨렸을 때, 문득 깨닫는 순간이 찾아온다. 부모님이 쏟은 한결같은 관심과 애정은 결코 쉬운 것이 아니었음을.

픽사 애니메이션 〈인크레더블〉The Incredibles, 2004은 비밀을 가진 남자 밥과 그 가족의 이야기다. 가족의 비밀은 바로 저마다 특별한 초능력이 있다는 것이다. 한때 '미스터 인크레더블'이라는 이름으로 악의 무리를 소탕하던 그가 이제는 능력을 숨기고서 평범한 직장인으로 살아간다. 그러나 마음 한편으로는 지난날의 영광을 내려놓지 못하고, 정체불명의 특수 임무를 가족들 몰래 수락한다.

실화를 바탕으로 한 인도 영화 〈당갈〉Dangal, 2016에도 빛나는 한때를 간직한 아버지가 등장한다. 마하비르는 예전에 뛰어난 레슬링 선수였지만 생계를 위해 운동을 포기할 수밖에 없었다. 그러나 금메달의 꿈만은 포기하지 않고 두 딸 기타와 바비타에게 기대를 건다. 세 부녀의 꿈은 보수적인 인도 사회 곳곳에서 벽에 부딪히고 가족 간의 믿음까지 시험에 오른다.

문제에 부딪칠 때마다 가족은 더 끈끈하게 뭉칠 기회를 얻는다

Every time a family faces a problem is an opportunity
to bring its members even closer

〈인크레더블〉속 엄마 헬렌도 한때는 남편처럼 세상을 주름잡던 슈퍼 히어로였다. 하지만 결혼을 하고 나서는 세 아이를 키우며 안정적으로 살기만을 바란다. 그래서 헬렌은 가족들에게 각자 가진 초능력을 자제하고 되도록 드러내지 말 것을 주문한다. 때문에 남편 밥은 정체불명의 의뢰를 수락한 후 혼자서 기쁨을 억누른다. 어떤 비밀의 섬에 가면 '미스터 인크레더블'로서 다시 활약할 수 있다는 이야기에 선뜻 섬으로 떠나는데, 그곳에 도착해서야 이 모든 것이 슈퍼 히어로를 없애고 자신이 그 자리를 차지하려는 악당의 계략임을 알게 된다.

한편 남편이 바람을 피우는 것으로 오해한 헬렌은 진상을 파악하기 위해 몰래 밥의 뒤를 밟는다. 여기에 호기심을 참지 못한 두 자녀까지 몰래 가세하면서 결국 온 가족이 악당의 함정에 빠지고 만다. 가족을 지키기 위해 부부는 지난날의 실력을 발휘하고 아이들도 자신의 초능력을 사용할 줄 알게 되면서 결국 악당을 물리치는 데 성공한다.

모든 가족에게는 집집마다 나름의 고충이 있다. 가족 안에서 오랜 세월 쌓인 문제는 서로의 관계를 소원하게 만들기도 하지만, 때로는 더욱 끈끈하게 뭉쳐서 상황을 돌파하게끔 만드는 계기가 되기도 한다.

가족은 하나의 나무에 달린 나뭇가지와 잎사귀들 같다. 각기 다른 방향으로 뻗어가더라도 뿌리는 영원히 붙어 있다. 가지와 잎사귀들은 자신이 바라보는 태양을 향해 자라나다가, 어느 순간 서로에게 시원한 그늘이 되어주고 기댈 만한 버팀목이 되어주기도 한다.

완벽하지 않은 가족일지라도
당신을 가장 사랑하는 존재가 바로 그들이다

Our family may not be perfect, but the love they give us is always the best

마하비르의 두 딸은 처음에 그저 아버지의 뜻에 따라 레슬링을 시작한다. 고된 훈련으로 온몸이 쑤시고 사람들은 '여자가 레슬링을 한다'는 사실을 비웃는다. 이런 상황에서 아버지는 아이들이 훈련에 전념하도록 극단적인 방법을 시도한다. 딸들이 소중하게 기른 머리카락을 허락도 없이 짧게 밀어버린 것이다. 아버지의 만행은 분명히 폭력적이며 아이들에게 큰 상처가 되었다.

하지만 이야기가 흘러가면서 아버지의 행동에 담긴 의도가 비단 '통제'만이 아님을 알게 된다. 보수적인 인도 사회에서 여성의 지위는 매우 낮다. 결혼하기 전까지 날마다 집안일만 하다가 만 14세가 되면 얼굴 한 번 본 적 없는 남자에게 시집을 가는 것으로 소녀들의 삶은 귀결된다. 기타와 바비타의 아버지가 딸들에게 레슬링을 배우도록 한 것은 스스로 삶을 선택할 능력과 기회를 갖길 바라서였다.

기타는 갈수록 뛰어난 기량을 발휘해 마침내 국가대표 선수에 발탁된다. 그리고 합숙 훈련에 들어가면서 처음으로 아버지의 그늘을 벗어난다. 자유를 누리며 일상의 소소한 즐거움을 알아가는 기타. 어느 순간 아이는 이제 더 이상 아버지가 필요 없다고 생각한다.

레슬링 기술을 두고도 부녀는 심한 말다툼을 벌인다. 아버지는 딸의 머리가 굵어져서 제멋대로 군다고 생각하고, 딸은 아버지의 기술과 생각은 시대에 뒤떨어지므로 코치의 말을 듣는 게 옳다고 주장한다. 그러다가 국제 무대에서 연패를 당한 뒤에야 가족 간에는 옳고 그름을 따지는 것이 의미가 없음을 느낀다. 부인할 수 없는 한 가지 사실은, 자신의 장점과 한계를 가장 잘 아는 사람이 바로 아버지이며, 자신을 최우선으로 생각하는 사람 역시 아버지라는 것이었다.

인생을 함께한 사이지만, 때때로 가족은 우리를 숨 막히게 한다. 내게 거는 기대는 무겁기만 하고, 정작 나의 마음은 알아주지 못하는 것 같다. 하지만 거꾸로 생각해보면, 가족들 저마다 나와 비슷한 고민과 섭섭함을 안고 있을 것이다.
가족이기 때문에 오히려 넘어서기 힘든 벽은, 함께 직시하고 함께 힘을 모아야만 허물 수 있다.

영화에서 읽는 '인생 한 컷'

우리 모두는 꿈을 좇아 원하는 삶을 살길 염원한다. 그러나 이따금은 잠시 걸음을 멈추고 곁에 있는 사람들을 바라보는 것이 어떨까.
내가 꿈을 이룰 수 있도록 늘 돕는 부모님은 지금 행복한 삶을 살고 있는가? 그들의 꿈은 무엇이었을까, 꿈을 이루었을까? 그들도 한때는 아이였고, 우리와 비슷한 푸른 시절을 보냈을 것이다. 가끔은 부모의 마음 한구석에 숨어 있는 그 아이에게 관심을 가져보라. 그 아이의 손을 잡고, 넌 어떤 시간을 보내고 있느냐고 물어보라.

함께 보면 좋은 영화

〈메리다와 마법의 숲〉Brave_2012

〈우리는 동물원을 샀다〉We Bought a Zoo_2011

당신은 사랑하는 사람을
기꺼이 놓아줄 수 있는가?

〈미라클 벨리에〉 × 〈늑대아이〉

변화가 성장의 첫걸음이라면
마지막 걸음은 놓아주는 것이다.

If change is the first step of growing up, letting go will be the last.

하루하루 다르게 커가는 아이들을 보며 부모는 내심 뿌듯하다가도 문득 아쉬움을 느끼곤 한다. 한창 예쁜 지금, 세월이 잠시 멈췄으면 싶기도 하고 자기만큼이나 커다란 가방을 메고 종종걸음으로 등원하는 아이를 보며 복잡한 심정이 되기도 한다. 코알라처럼 엄마 아빠에게 붙어 있던 아이는 이제 하루가 다르게 부모의 품을 벗어날 것이다. 그리고 곧 자신의 인생을 살게 되리라.

실화를 바탕으로 한 프랑스 영화 〈미라클 벨리에〉La Famille Bélier, 2014와 애니메이션 〈늑대아이〉Wolf Children, 2012는 아이의 성장을 지켜보는 부모의 혼란스러운 내면을 사실적이면서도 감동스럽게 그린다.

〈미라클 벨리에〉의 주인공은, 농인 가족을 둔 폴라라는 소녀다. 아빠, 엄마, 남동생이 모두 농인인 상황에서 폴라는 가족 중 유일하게 듣고 말할 수 있는 사람이다. 그래서 폴라는 가족들이 외부와 소통하는 다리이자, 부모가 전적으로 믿고 의지하는 집안의 기둥이기도 하다. 몸이 불편한 부모로서는, 폴라가 가족을 늘 최우선으로 생각하고 살뜰히 돌보는 것이 큰 위안이 된다.

〈늑대아이〉의 여주인공 하나는 어느 날 우연히 늑대인간을 만나 사랑에 빠진다. 그리고 남매 유키와 아메를 낳는다. 인간과 늑대 사이에서 태어난 아이들은 평범한 아이들과 다를 수밖에 없다. 흥분하면 귀와 꼬리가 쑥 나오기도 하고, 어느 순간 늑대로 변신해 내달리기도 한다. 남편이 세상을 떠나자 하나는 유키와 아메를 좀 더 안전하게 보살피기 위해 한적한 시골로 이사를 한다.

놓아주는 것은 곧 믿음이다. 꼭 당신 곁이 아니더라도 괜찮으리라고 믿는 것이다

Letting go is a form of trust;
you trust that they will still be fine without you by their side

〈미라클 벨리에〉의 폴라는 전학생 가브리엘에게 반해 학교 합창부에 가입한다. 지금껏 한 번도 소리 내어 노래한 적 없던 폴라에게서 선생님은 천부적인 재능을 엿본다. 선생님은 폴라가 재능을 마음껏 발휘하도록 지지해주고, 파리에 있는 합창학교 오디션에 응모해보라고 제안한다. 폴라는 뜻하지 않은 기회에 설레면서도 한편으로는 가족들 걱정에 마음이 무겁다. 가족들을 남겨두고 혼자서 파리로 유학을 간다는 결정을 쉽게 내릴 수가 없다.

아버지는 기꺼이 폴라를 보내려 하지만 엄마는 폴라의 결정을 도무지 받아들이지 못한다. 언제나 가족들 곁에서 입과 귀가 되어주던 딸이 갑자기 사라진다는 사실이 두렵고, 폴라가 타지에서 홀로 생활하는 것도 걱정되었기 때문이다. '네가 태어났을 때 차라리 농아이길 바랐다'는 엄마의 서글픈 고백을 듣고 폴라는 상심한다.

결국 우여곡절 끝에 폴라는 오디션에 참가한다. 그 자리에 함께한 가족을 위해 폴라는 수화를 동원해 노래한다.

"저는 날개를 펴는 것일 뿐 도망치는 게 아니에요. 부디 알아주세요. 비상하는 거예요."

귀가 아닌 마음으로 폴라의 진심을 들으며 엄마는 눈물을 흘린다.

삶의 가장 큰 딜레마는 사랑하는 사람이 자신의 길을 가도록 놓아주는 것이다

It's always a dilemma letting go of those who
we love so they can choose the path that they want

〈늑대아이〉에서 엄마 하나는 아이들의 정체를 숨기고자 동네 사람들과도 교류하지 않는다. 두 아이가 아직 어렸을 때는 타고난 성정대로 자라도록 내버려두었다. 덕분에 유키와 아메는 원할 때마다 인간과 늑대의 모습을 자유롭게 오가며 지냈다.

그러나 아이들이 학교에 다니고 다른 사람들과 접촉하기 시작하면서 하나는 '언젠가는 아이들도 선택을 해야 한다'는 사실을 절감한다.

누나 유키는 평범한 인간 여자아이들의 방식에 기꺼이 적응하며 새롭게 만난 사회에 녹아 들어간다. 하지만 워낙에 소심하고 내성적이던 남동생 아메는 학교에 쉽게 적응하지 못한다. 그리고 어느 순간 학교로 가는 길이 아닌 산으로 향하는 길을 택한다. 산속에서 자유롭게 늑대로 변신한 아메는 여우를 스승으로 삼고, 산속 동물들과 환경에 대해 하나하나 배워나가며 늑대로서의 본성을 받아들인다.

스스로도 늑대인간을 사랑하기로 선택했던 엄마는 두 아이가 훗날 인간이 되든 늑대가 되든, 스스로 택해야 할 일임을 알고 있었다. 하지만 마침내 아이들이 결정을 내리는 순간이 다가왔을 때, 마음속 모순과 마주한다. 아직 어린 아메가 자신의 길을 가도록 차마 손을 놓을 수가 없어 엄마는 망연자실한다.

──

변화가 성장의 첫걸음이라면
마지막 걸음은 놓아주는 것이다
If change is the first step of growing up, letting go will be the last

두 영화에서 폴라와 아메는 모두 용감하게 집을 떠나 자신의 삶을 선택한다. 그렇게 되기까지 두 아이는 갈등과 혼란의 시간을 겪었다.

폴라는 남들 앞에 나서는 것을 꺼렸던 탓에, 자신의 재능을 꺼내 보일 기회가 한 번도 없었다. 그러나 재능을 알아봐주고 인정해주는 선생님을 만나자 폴라는 점점 변하기 시작한다. 단순히 자신감만 생긴 것이 아니라 인생에 대해서 진지하게 고민하게 된 것이다. 가족을 위해 꿈을 포기하려던 순간도 있었지만, 결국 폴라와 가족 모두는 깨닫는다. 날개를 펼치는 것은 벗어나기 위해서가 아니라 날아오르기 위해서라는 것을.

한편 어린 시절의 아메는 늑대로 변하는 것이 싫었고 익숙하지 않은 대자연도 두렵기만 했다. 활발하고 독립적인 누나에 비하면 훨씬 연약해 보였으며 엄마에게 많이 의지하는 아이였다. 그러나 여우 스승의 가르침을 받으면서 점차 대자연에 매료되었고 자신이 '늑대'로서 살아갈 때 더 행복하다는 것을 확신한다.

인간과 늑대의 삶 사이에서 좌충우돌하던 아메와, 가족을 두고 떠난다는 죄책감에 시달리던 폴라. 이들은 스스로 성장하여 마침내 홀로서기의 첫걸음을 떼는 데 성공한다.

성장하려면 반드시 변해야 한다. 성장 자체가 끊임없이 변하는 과정을 의미하기 때문이다. 또한 변화에는 곤란한 선택이 따르기 마련이다. 때로는 뭔가를 포기해야 하고, 누군가의 곁을 떠나야만 한다.

'변화'가 성장의 첫걸음이라면 마지막 걸음은 '놓아주는 것'이다. 이는 아이와 부모 모두가 배워야 하는 중요한 삶의 숙제다.

———

때때로 고통은 상처가 아니라 사랑에서 비롯된다

Sometimes the pain wasn't caused by the wound, but by love

엄마에게 아메는 늑대인간인 남편과의 유일한 연결고리이기도 했다. 딸 유키는 인간으로 사는 데 완전히 적응했고 이제 좋아하는 사람까지 생겨서 더는 늑대로 변하고 싶어 하지 않았다. 그렇기에 아메가 늑대로 살기 위해 산속으로 떠나겠다는 결정을 내렸을 때, 엄마는 아들뿐만이 아니라 자신의 생명 중 마지막 '늑대'도 떠나보내야 했다.

마찬가지로 폴라의 부모에게도 딸이 떠난다는 것은 단순히 아이가 독립하는 문제가 아니었다. '정상적인' 세상과의 연결고리 역할을 해주었던 폴라가 떠난다면 다시는 외부와 소통할 수 없을지도 몰랐다. 섭섭함보다는 두려움이 엄마를 더 괴롭혔다.

하지만 아이의 결정을 이해하기 시작하면서 부모들은 자신의 마음을 돌아본다. 정말 받아들이기 어려운 것은 겉으로 보이는 상처가 아니라, 더 이상 아이에게 필요한 보금자리가 될 수 없다는 데서 오는 쓸쓸함이었다. 아이는 태어나는 순간부터 부모의 인생에 중심이 된다. 아이가 안전하고 행복하게 자라도록 부모는 모든 노력을 기울인다. 그러나 부모가 미처 깨닫지 못하는 사이, 아이는 오히려 부모가 믿고 의지하는 존재가 되어간다. 그리고 그 사실을 인정해야만 하는 날이 반드시 찾아온다.

아이의 손을 놓는 순간 모든 부모는 복잡한 심경이 된다. 아메의 마지막 뒷모습을 바라보던 하나처럼 말이다. 하나는 떠나가는 아들을 향해 울먹이며 말한다.

"아메, 가지 마! 엄마는 너한테 아직 아무것도 해준 게 없어."

아이를 위해 젊음과 인생을 바쳤던 하나의 목소리는 세상 모든 엄마들의 심정을 대변한다. 엄마가 이미 모든 것을 주었음을, 아이들은 천천히 알게 될 것이다.

⊕ 함께 보면 좋은 영화

〈대니쉬 걸〉The Danish Girl_2015
〈가구야 공주 이야기〉Story of Princess Kaguya_2013

최고의 추억은
함께한 시간 그 자체다

〈스틸 앨리스〉×〈도리를 찾아서〉

살아 있다는 것, 그래서 나를 사랑하는 사람들에게
그 사랑을 돌려줄 수 있다는 것.
그것이 곧 행복이다.

Happiness is to be alive; to give back to those who love me.

저명한 심리학자이자 작가인 앤드류 솔로몬Andrew Solomon은 《부모와 다른 아이들Far from the Tree》이라는 베스트셀러를 집필하며 '보통과는 다른 아이'를 둔 300여 가정을 10년에 걸쳐 인터뷰했다. 육체적, 정신적인 다양한 장애를 가진 아이들, 성정체성이 남들과 다른 아이들, 범죄를 저지른 아이들의 가족을 관찰하면서 사회에서 '비정상'으로 여겨지는 그들의 삶을 추적했다. 이 책에서 소개한 부모들은 자신과 아이를 더 깊이 이해하는 고통스러운 과정을 거친다. 그리고 이 시련의 의미는 결국 '사랑과 포용'이라는 통찰에 도달한다.

아이가 장애를 가지고 태어나는 경우와 마찬가지로, 부모가 나이 들어 몸과 정신이 쇠퇴하는 상황 역시 한 가정에 위기를 불러온다. 기대하지 않았던 모습의 아이가 태어날 때 부모가 현실을 힘겹게 받아들여야 하는 것처럼, 부모님의 몸과 정신 이곳저곳이 삐거덕거리기 시작할 때 자녀들도 '달라진' 부모를 마주해야 한다. 이때 가족을 이해하고 사랑으로 포용할 수 있다면, 우리는 삶이 선사하는 가혹한 도전에 충분히 맞설 수 있을 것이다.

2015년 줄리안 무어Julianne Moore에게 아카데미 여우주연상을 안겨준 〈스틸 앨리스〉Still Alice, 2014와 픽사의 애니메이션 〈도리를 찾아서〉Finding Dory, 2016는 각기 부모와 아이의 시각에서 이 과제에 대해 이야기한다.

〈스틸 앨리스〉의 여주인공 앨리스는 존경받는 교수이자 세 아이의 엄마로 남부럽지 않은 삶을 꾸려간다. 그런데 어느 날 병원에서 조발성 알츠하이머에 걸렸다는 청천벽력 같은 진단을 받는다. 이제 앨리스는 자신의 삶이 서서히 무너지는 것을 속수무책으로 지켜볼 수밖에 없다.

〈도리를 찾아서〉의 주인공은 전작 〈니모를 찾아서〉에서 조연으로 활약했던 블루탱 도리다. 도리는 어려서부터 단기기억상실증을 앓고 있다. 오래전 부모를 잃은 뒤로 말린과 니모를 만나면서 한 가족처럼 살고 있지만 마음 한 편으로는 늘 부모를 그리워한다. 결국 도리는 조각조각 남아 있는 기억을 따라 부모를 찾아 나서기로 결심한다.

___

어제가 생각나지 않고 내일을 볼 수 없어도 우리에게는 오늘이 있다. 지금을 살라

Even if you can't recall yesterday or foresee tomorrow, you still have today. Live in the moment

언어학 교수 앨리스는 자기 분야에서 뚜렷한 족적을 남긴 성공한 여성이다. 뛰어난 지성과 언변을 갖춘 그녀는 늘 자신감에 넘친다. 그런데 50세 생일을 지내고서 얼마 후부터, 자신이 뭔가 달라진 듯한 느낌을 받는다. 강연 도중 단어가 잘 떠오르지 않는가 하면, 조깅을 하다가 갑자기 멍해지면서 길을 잃기도 한다. 석연치 않은 기분에 병원을 찾았는데, 뜻밖에도 조발성 알츠하이머라는 확진을 받는다.

더 충격적인 것은 이 병이 매우 희귀한 유전질환이라서 세 자녀도 같은 병에 걸릴 확률이 50퍼센트나 된다는 것이다. 이 사실을 알게 된 자녀들은 경악을 금치 못하면서도 엄마를 탓하지 않고 위로하기 위해 최선을 다한다.

평생 언어학을 공부한 언어학자였으나 이제 단어를 하나둘 잊어버리고, 급기야 강연 원고를 외우지 못하는 상황에 부닥치며 앨리스는 참담해한다. 자신이 평생 일군 것들이 떠나간다는 사실이 고통스러울 뿐이다. 하지만 끝까지 곁에서 지켜주는 가족들을 보며 앨리스는 '잃는 것'의 예술을 점차 배워간다. 그리고 "지금이 내가 나일 수 있는 마지막 시간"이라고 선언한다. 사랑하는 사람들과 함께 살아 있는 이 순간에 충실하리라는 다짐이었다.

떠나보면 깨닫는다.
우리가 돌아올 때까지 늘 기다려주던 이들보다
더 소중한 사람은 없다는 걸

It's only after we have left will we understand that no one is more precious
than someone who never stops waiting for our return

〈도리를 찾아서〉에서 도리는 '어떻게 저럴 수 있을까' 싶을 정도
로 명랑한 물고기다. 심각한 단기기억상실증을 앓고 있으면서도
그 때문에 슬픔에 잠기거나 우울해하지 않으며, 오히려 주변 물
고기들과 삶에 대한 열정을 나눈다. 하지만 깊은 밤 사방이 고요
해질 때면 어린 시절의 꿈이 자꾸만 도리의 마음을 흔든다. 특히
익숙하면서도 흐릿한 부모님의 기억은 도리를 무척 힘들게 한다.

도리가 가장 똑똑히 기억하는 한 가지는, 자신이 길을 잃을까
염려해서 엄마 아빠가 조개껍데기로 길을 표시를 해둔 것이다.
그리고 실제로 도리는 언젠가 본 것 같은 집 앞에 이르렀을 때, 조
개 길이 사방팔방 깔려 있는 것을 보게 된다. 도리의 부모는 아이
가 실종된 뒤에도 희망의 끈을 놓지 않았다. 언젠가 도리가 돌아
올 때 무사히 집을 찾을 수 있도록 하나씩 둘씩 계속해 길을 만들
었던 것이다.

사랑하는 사람에게 인내심을 보여라. 지금 그들에게 가장 필요한 것일 테니

Be patient with those who you love, for it may
just be what they need at the moment

《부모와 다른 아이들》에서 저자는 한 가지 사실을 지적한다. '보통과는 다른 아이'가 있는 가정에서 온갖 불편함을 만들어내는 존재는 실상 '비정상'이라 여겨지는 아이가 아니라는 사실이다. 그보다는 '정상적'인 부모가 문제의 원인이 되는 경우가 훨씬 많다. 부모가 자신이나 사회의 기대에 어긋나는 아이를 수용하지 못할 때 엄청난 스트레스를 받고 가정에 균열을 일으킨다.

도리의 상황에 빗대어 보면 이 사실을 쉽게 이해할 수 있다. 도리는 자신이 앓는 기억상실증을 심각하게 생각하지 않는다. 오히려 이 병 덕분에 세상 걱정 없는 낙천적이고 쾌활한 성격으로 살아간다. 도리 대신 걱정을 짊어지고 안달복달하는 것은 오히려 주변의 다른 물고기들이다.

앨리스의 경우 자신의 병 때문에 절망하긴 하지만, 시간이 지나면서 이 병에 장점도 있음을 알아간다. 중요한 일들만이 아니라 언짢았던 일, 힘들었던 기억도 함께 잊혀진다는 사실은 앨리스가 현실을 받아들이는 데 어느 정도 도움이 된다. 이때 난관에 부딪히는 것은 오히려 가족들이다. 정상이 아닌 모습으로 변해가는 이 가족 구성원을 어떻게 대해야 할지 몰라 난감하기만 하다.

하지만 그들에게 필요한 것은 어쩌면 '도움'이 아닐지도 모른다. 그저 얼마만큼의 인내심과 이해가 이들에게는 가장 필요한 게 아닐까.

최고의 추억은 함께한 시간 그 자체다. 당신이 기억하지 못하는 날이 오더라도 누군가는 영원히 잊지 않을 것이다

The best memories are those created together; one day even if you can't remember, there will still be those who won't forget

사랑하는 가족이 예기치 못한 곤경에 빠졌을 때 우리는 동요하지 않는 버팀목 역할을 해야 한다. 만약 가족의 기억이 희미해진다면 우리가 대신 기억해주면 된다. 가족이 걸을 수 없다면 우리가 다리가 되어주면 된다.

도리와 앨리스는 무척 강인한 이들이다. 기억을 잃는다는, 곤혹스럽고 위험한 상황을 끌어안고 이겨냈다. 이들이 그렇게 할 수 있었던 것은 끝까지 곁을 떠나지 않은 가족 덕분이었다. 도리의 부모뿐 아니라 친구 말린과 니모, 그리고 앨리스의 가족은 모두 행동으로 한 가지 사실을 증명해 보였다. 설령 치료가 불가능하더라도 그것이 도리와 앨리스의 인생에서 희망을 앗아갈 수는 없다는 사실을 말이다.

✪ 함께 보면 좋은 영화
〈아기배달부 스토크〉Storks_2016
〈컨택트〉Arrival_2017

옮긴이 정주은

고려대학교 중문과와 이화여자대학교 통번역대학원 한중과를 졸업했다. 철학, 문학, 사학, 육아, 자기계
발. 아동문학 등 다양한 분야의 서적을 번역하였다. 현재 번역 에이전시 엔터스코리아에서 출판기획 및
중국어 전문 번역가로 활동하고 있다. 역서로 《멀티족으로 산다》《정진 : 위대한 사람이 되는 법》《제갈
량의 지혜에서 배우다》《유대인 엄마의 힘》 등이 있다.

내 인생의 모든 것 영화에서 배웠다

초판 1쇄 발행 2019년 10월 30일
지은이 수이앙, 수이머우
펴낸이 정덕식, 김재현
펴낸곳 (주)센시오

출판등록 2009년 10월 14일 제300-2009-126호
주소 서울 은평구 진흥로67 (역촌동, 5층)
전화 02-734-0981
팩스 02-333-0081
메일 nagori2@gmail.com

책임편집 임성은
편집 이미순
경영지원 염진희
홍보마케팅 이종문
디자인 Design IF

ISBN 979-11-90356-04-6 03190